Tunisian Crochet

おもしろ編み地がいっぱい！
もっと知りたい アフガン編み

林ことみ
Kotomi Hayashi

日本ヴォーグ社

はじめに

　アフガン編みを初めて編んだのは大学生の時でした。すぐに習得でき、増し目、減目も簡単で楽しめましたが、その後は、2008年にノルウェーで開かれたノルディックニッティングシンポジウムのプログラムで「チュニジアンクロッシェ」という表記を見るまで、編む事はありませんでした。

　英語のニット本を読む機会が増え、海外ではアフガン編みがチュニジアンクロッシェと呼ばれている事は知っていましたので、久しぶりに編んでみたくなり、そのクラスをとりました。参加して驚いたのは、ダブルフックアフガン針を使って編む方法でした。日本にもこの針はあったようですが、参加者全員がこの使い方に驚き、感動しました。私もこの針の楽しさが忘れられず、2010年に本を作りました。

　そして2017年、今度はデンマークでアフガン編みの本を見つけ、もう一度編んでみたくなりました。実は、2012年にアイスランドで見た本に、付け替え式の針を使っている写真があり興味を引かれたのですが、その時は針が手に入らなかったのです。その後、幸いなことにその針を手に入れる事ができ、また、日本でも製造しているメーカーがあることを知りました。これをきっかけに、3度めのアフガン編みへの興味が湧き、この本を作るに至りました。

　私の知る限りの編み地バリエーションをご紹介しましたので、色々組み合わせて、日常生活で楽しめる作品を作って頂けたら幸いです。

林ことみ

CONTENTS

- 01　ベビーアフガン…12
- 02　縞縞アフガン…14
- 03　ナインパッチ風毛布…16
- 04　フワフワカシミヤのカウル…26
- 05　小さなスカーフ…27
- 06,07　椅子の背カバー…28 29
- 08,09　形いろいろクッション…30
- 10　朝の光のティーコゼー…31
- 11,12　バックステッチのオーバースカート…36
- 13,14,15　フェルティングのルームシューズ…38 39
- 16　便利な敷物…41
- 17,18　キラキラフィンガレス手袋…42
- 19　ナローマフラー…42
- 20,21,22,23　小さなマットいろいろ…44
- 24,25　三色チェックのボトルカバー…45

アフガン編みについて…4

プロセス解説

シングルフック基本の編み方…6
　端の目の拾い方…8
　増減目の編み方…8
　引き抜き止め…10
クロスステッチの刺し方…11
模様編みパターンの編み方…18
　ねじり編み…18
　クロス編み…19
　メリヤス編み…20
　たたみ編み…21
　ボブル編み…22
　バックステッチ…23
　ジグザグ模様…24
　波形模様…25
表編みと裏編みを使ったパターン…32
ダブルフック基本の編み方…34
リバーシブル編み…40
ビーズの編み入れ方…43
サークルに編む…46

この本で使用した糸（実物大）…48
作品の編み方…50〜
編み方の基本…78

HOT LINE ホットライン

この本に関するご質問は、お電話またはWebで
書名／もっと知りたいアフガン編み
本のコード／NV70498
担当／曽我圭子
Tel.／03-3383-0637（平日 13:00〜17:00 受付）
Webサイト／「手づくりタウン」https://www.tezukuritown.com/
※サイト内"お問い合わせ"からお入りください。（終日受付）

本誌に掲載の作品を、複製して販売（店頭、ネットオークション等）することは禁止されています。手づくりを楽しむためにのみご利用ください。

アフガン編みについて

棒針編みとかぎ針編みのテクニックを合わせたような編み物で、手編みの3技法のひとつです。特徴のある針を使用し、「往き」の糸が縦、「戻り(追い)」の糸は横に組み合わされ、縦目と横向きの目で構成されています。縦目は表目、裏目、かけ目など棒針編みと同じ糸の運びからできる編み地もあれば、かぎ針編みの長編みを組み合わせた編み地もあり、大変変化に富んだ編み地ができます。編み目が整然として大きいのでわかりやすい、伸縮性が少ないので伸びたり縮んだりしづらいという特徴があります。

エストニアの友人が見せてくれたクロスステッチをしたアフガン編み毛布

背景

アフガン編み、又はチュニジアンクロッシェと呼ばれるこの編み方はどこで生まれたのかよくわかっていません。また、名前となっているチュニジアがオリジナルだと言うはっきりとした資料もありません。ひざ掛けをアフガンと呼びますが、このアフガンを編むときに使われる技法だったことから、アフガンクロッシェとも呼ばれ、これが日本に紹介されてアフガン編みとして定着したのかもしれません。

この編み方が最初にヨーロッパで認識されたのは19世紀の事です。羊飼いの編み物、ドイツワーク、ロシアンワーク、クロッシェニット、フック・ニッティングなど、様々な名前で呼ばれていました。中でもおもしろいのは「鉄道編み物」というもの。これは、19世紀になって工場労働者の女性達が通勤の列車を待つ間に編んだからだと思われます。

1907年に本が出版されるとさらなる広がりを見せ、1920年代頃には多くの人々に親しまれるようになりました。特に、ノルウェーでの人気が高かったようです。その後、1970年代にアメリカで再認識され、刺繍やクロスステッチでの装飾を楽しむブランケットを編むテクニックとして流行しました。エストニアの友人が見せてくれたアフガン編みの毛布には素敵なクロスステッチが施されていました。アフガン針の長さは30cmくらいだったので、針にかかる最大の編み目の幅の編み地を何枚も編んではぎ合わせ、あとから刺しゅうをプラスしたものです。ウールだけでなく、コットンヤーンを使ったものもありました。シンプルで優しいテクニックなので、ベッドカバーやソファーカバー等に広く利用された様子がうかがわれます。

道具（アフガン針）

　片方だけにフックがついているシングルフックと両端がフックになっている、ダブルフックがあります。ダブルフックは、もちろんシングルフックとしても使う事ができます。

　シングルフックでも針の長さ以上の幅を編む事はできますが、付け替え式でしたらコードの長さを変える事でかなりの幅の作品を編む事ができます。エストニアの友人に見せてもらった彼女の祖母が作ったアフガン編みの毛布を編んだ時代は、付け替え式のフックが無かったので（前出）、針の長さの幅の編み地をはいで、必要な幅にしたのでしょう。

　ダブルフックは輪に編む事ができる針です。一般的にはシングルフックと同じくらいの長さで両端がフックになっていますが、針の長さは関係なく短くても大きな作品を編めますし、長くても小さなものを編む事ができます。しかし28ページのクッションや34ページのオーバースカート等の大きなサイズを編む場合は付け替え式のダブルフックアフガン針なら針を持ち替える回数が少なくてすむので便利です。

編み地の特徴

　フックド・ニッティングとも呼ばれるように、かぎ針編みと棒針編みが混ざり合ったような編み地です。また、フックが片方だけについている針で平らに編む方法と、両端にフックがついたダブルフックの針で輪に編む方法とがあります。棒針編みは慣れるまで少し練習が必要ですが、アフガン編みならすぐに編む事ができます。テクニックとしてはそれほど難しくなく、かぎ針編みで鎖が編めればできるという感じでしょうか。

　棒針編みは、作り目をした次の段から色々な編み方ができ、表編みも裏編みも問題ありません。しかし、アフガン編みでは作り目をしたら、どんな編み地を編む場合でもまず1段基本の編み方である表編みを編む事になります。シングルフックの場合、右端の目は端目と呼ばれ、この目はいつもフックにかかったままです。ですから、裏編みを編みたくてもこの目は編むことができません。最後の目は、端目として考える場合もあれば、編み地の一部として考える事もあります。尚、ダブルフックの場合は、端目にとらわれる事無く編み地を作る事ができます。

　棒針編みでもかぎ針編みでも言える事ですが、綺麗な編み地を作るには少しの慣れとコツが必要になります。これは編みながらわかって来る事。文字で伝える事ができるとしたら、戻り目（追い目）の鎖編みを心持ちきつく編む事でしょうか。たくさん編んで、コツをつかんでください。

シングルフック
基本の編み方

針の片側だけにフックのついた針で編む基本の編み方です。これをプレーンアフガン編みといいます。ダブルフックを編む時でも、基本的なことは同じです。

①一般的な竹製針で端にキャップをかぶせて使うこともある　②色と質感が楽しいスケルトン針　③・④付け替え式の針にはコードの先にストッパーをつけて使用する

プレーンアフガン編み

作り目と1段め往き目（表編み目）　| I |

1
鎖編みで必要目数を作る。矢印のように最後の鎖目の一つ手前の鎖目の裏山のループに針を入れる。

2
針を入れたところ

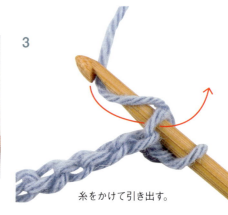

3
糸をかけて引き出す。

4
1目ができる。作り目で針に残った目と合わせて2目ができた状態。

5
2〜4をくり返して1段めの往き目ができた。針にはすべての目がかかっていて、これを縦目とも呼ぶ。

1段めの戻り目　| 〜 |

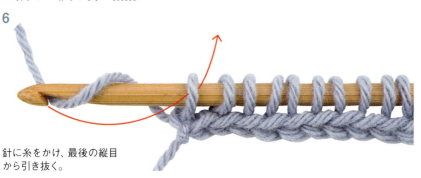

6
針に糸をかけ、最後の縦目から引き抜く。

7
引き抜いたところ。戻り目の1目になる。

8 次からは針に糸をかけ、矢印のように2本のループの間から引き抜く。

9 戻り目2目を編んだところ。

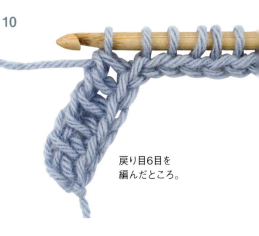

10 戻り目6目を編んだところ。

2段め往き目

11 写真はすべての戻り目を編み終わった状態。針に残った目は2段めの1目め（端目）となる。まず、矢印のように縦目に針を入れる。

12 糸をかけ、引き抜く。これは1段めの往き目と同じ。

13 2目できた状態。これをくり返して2段めの往き目を編む。

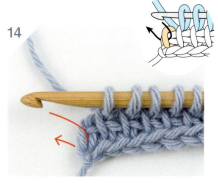

14 最後の1目を残してすべての目を編んだところ。最後の目は鎖目になっているので手前の縦目1本だけを拾うのではなく、裏山にも針を入れる。

15 針には糸が2本かかる。糸をかけて引き出す。（端目1本だけを拾う場合もある。次ページ参照）

16 これで2段めの往き目がすべて編めた。端の目が伸びないので、縁編みを編んだり、とじたりしない場合は、端をこのまま使うことができる。

端の目（往き）拾い方の違い

1本拾い

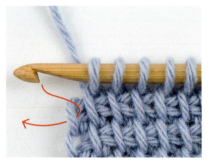

最後の縦目を1本だけ拾う。

左端が薄く仕上がる。とじたり、縁編みを編みつけて仕上げるときに使うとよい。

2本拾い

7ページのように縦目と裏山の2本を拾った場合は、端に鎖目が立つように仕上がる。

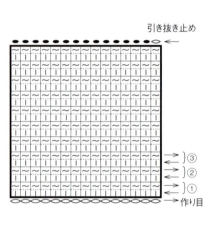

引き抜き止め
③
②
①
作り目

プレーンアフガン編みは表編み目だけで構成されています

増減目の編み方

減目

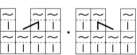

1

減目位置の手前まで往き目を編んだら、矢印のように前段の縦目2目に針を入れる。

2

糸をかけて引き出す。

3

印のところで1目減っている。

増し目-1

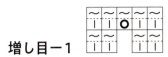

1

増し目の手前まで編んだら、針に糸を向こうから手前にかける（かけ目）。

2

続けて往き目を編む。印のところが増し目となる。

増し目-2

1

増し目の手前まで往き目を編んだら、矢印のように前段の戻り目の鎖目の中に針を入れる。

2

糸をかけて引き出して1目を編み出す。

3

印のところで1目増し目ができた。

増し目-3

1

増し目位置まで編んだら、前段の戻り目の鎖の裏山に矢印のように針を入れる。

2

糸をかけて引き出す。これが増し目の縦目となる。矢印のように針を入れ、次の目を編む。

3

印のところが増した目。

引き抜き止め

アフガン編みの引き抜き編みは最終段の往き目を編みながら止めます。最終段の模様が続くように注意します。

1

必要段数を編んで、最後の段の戻り目をすべて編んだら鎖編みを1目編む。

鎖1目

2

往き目と同様に端目の左隣の縦目に針を入れ、糸をかけて、矢印のように2本のループを一度に引き抜く。

3

これで1目引き抜き止めができた。

4

鎖1目

2の要領で左端の1目手前まで引き抜き止めをし、最後は鎖編みを1目編んでから、引き抜き止めを編む。

5

更に糸をかけて2ループを引き抜く。
両端にしっかり角ができて、引き抜き止めのできあがり。

クロスステッチの刺し方

アフガン編みのシンプルなプレーンアフガン編み（表編み）の編み地は
クロスステッチをするために編まれたという歴史もあります。
編み目が方眼のようになるのでクロスステッチをプラスする事で違った楽しみが生まれます。

1

写真のように1目分、1段分斜めに糸を刺す。

2
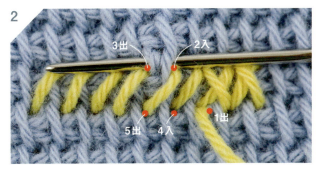
糸をクロスさせながら戻る。

3

クロスステッチのできあがり。

残り糸やタペストリーウールを使ってクロスステッチをプラスしたとじ針用の針山
（参考作品）

01
ベビーアフガン

クロスステッチが楽しめるプレーン
アフガン編みの小さなひざ掛け。

使用糸 ▶ かわいい赤ちゃん
編み方 ▶ 50ページ

縁に愛らしいボブルステッチを並べたら、シンプルな編み地に変化がついて編んでいても何だか楽しくなります。クロスステッチは好きな模様や、イニシャルを刺して、オリジナルワンにしてみましょう。

02 縞縞アフガン

シックでマットな色の縞を、生成り
の縁飾りが上手にまとめています。

使用糸 ▶ モークウール A
編み方 ▶ 52 ページ

縦縞?それとも横縞?使い方で雰囲気が変わる縞模様。三角の縁飾りも、もちろんアフガン編み。

03 ナインパッチ風毛布

甘い色使いと大きな格子模様が、部屋を明るくしてくれそうです。

使用糸 ▶ Tハニーウール
編み方 ▶ 54ページ

格子模様と細い縞のパターンをプレーンアフガン編みで編み、クロスステッチの縦縞を加えただけなのに、ちょっと複雑なチェック模様が生まれました。

模様編みパターンの編み方

ねじり編み [Ω]

1 ねじり編みをする目に針を入れる。

2 針をはずすと縦目が少し伸びるので、そこに針を左側から入れる。

3 糸をかけて引き出す。

4 縦目がねじれた状態になり、ねじり編み目が1目編めた。

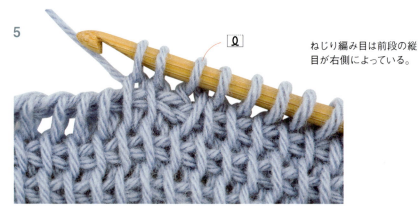

5

ねじり編み目は前段の縦目が右側によっている。

パターンサンプル-1

表編み目とねじり編み目を交互に編んだ編み地。
（07の椅子の背カバーに使用）

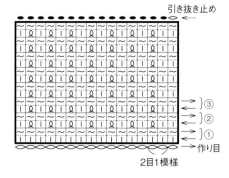

2目1模様

パターンサンプル-2

表編み目とねじり編み目を交互に編み、次の段では1目ずらして編んだ編み地。
（08のクッションに使用）

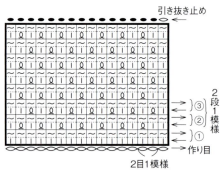

2目1模様

クロス編みー1 ☒

1	2	3
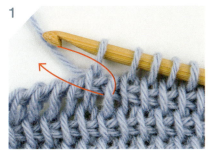		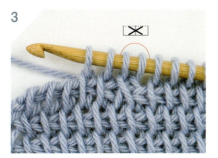

クロス編みの手前まで表編みをしたら、1目飛ばして次の目を表編み目で編む。 / 飛ばした手前の目を表編み目で編む。 / クロスした編み目がよくわかる。

パターン サンプルー1

クロスした編み目を段ごとに1目ずらして編んだ編み地。輪で編む場合は奇数で作り目をして編む。
(04のカウル、13のルームシューズに使用)

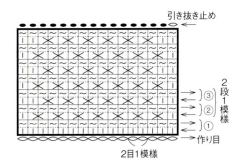

クロス編みー2 ☒

1	2	3

クロス編みをする手前まで表編みにしたら、次の2目に針を入れ表目の2目一度を編む。 / 1の矢印のように、手前の縦目に針を入れ、糸を引き出す。 / クロスした編み目がよくわかる。

パターン サンプルー2

クロスする目を毎段同じ位置で編んだ編み地。輪で編む場合は偶数で作り目をして編む。

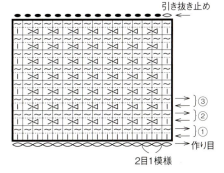

メリヤス編み

9

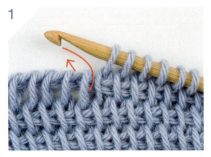

1
矢印のように前段の戻り目の下から、縦目の中心にすっぽりと針を入れる。

2
糸をかけて引き出す。

3
1目編めた状態。前段の縦目がメリヤス編みの編み目のように見える。

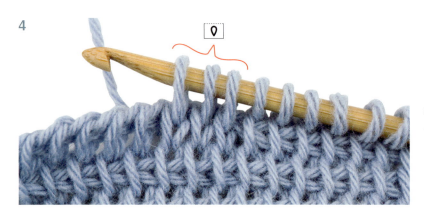

4
3目メリヤス編み目を編んだところ。右の表編み目との違いがわかる。

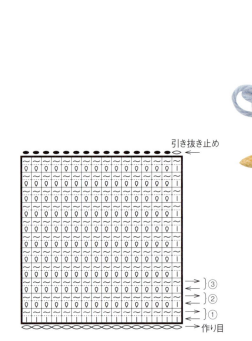

パターンサンプル

棒針編みのメリヤス編みとそっくりな編み地だが戻り目の分、厚地になっている。11、12のオーバースカートに使用。

たたみ編み

1. 矢印のように前段の戻り目の鎖の下の空間に針を入れる。

2. 糸をかけて引き出し表目を編む。

3. 縦目と縦目の間に針を入れて糸を引き出しながら編む。

4. 左端2目の間は飛ばします。

5. 通常の端目を編み、戻り目を編む。

6. 次の段は端目と次の目の間を飛ばして、同様に編み進める。

7. 左端2目の間に表目を編んでから端目を編む。この2段をくり返す。飛ばす位置を左右交互に編まないと編み地が斜形するので注意する。

パターンサンプル

たたみ編みは段によって色を変えるとおもしろい編み地になる。
（09のクッションに使用）

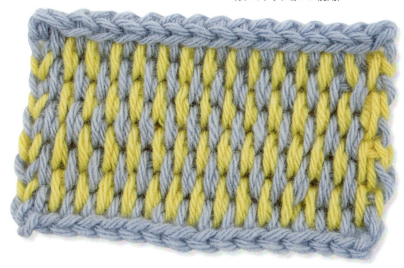

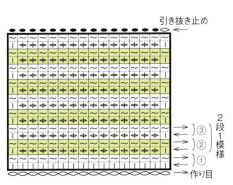

ボブル編み

[の]

1
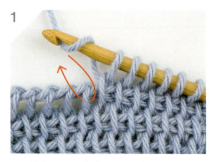
かけ目をしてから矢印のように針を入れ、糸をかけて引き出す。

2

もう一度かけ目をしてから1目編み、さらにもう一度かけ目・表編みをくり返す。

3

同じ縦目にかけ目と表編みを3回くり返し、針には6本の糸がかかった状態にする。

4

針に糸をかけて一度に引き抜くとボブルになる。

5

ボブルのできあがり

パターンサンプル　ふっくらしたボブルが編み地に変化をつけて愛らしい雰囲気になる。
（01のベビーアフガン、10のティーコゼーに使用）

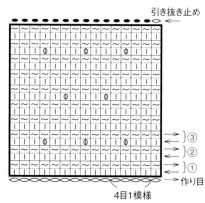

バックステッチ

1
編み地の手前に見えている縦目ではなく、名前のように縦目の裏側（バック）を拾う。

2
裏側の縦目に矢印のように針を入れる。

3
糸をかけて引き出す。

4
1目編めた状態。

5
2〜4をくり返して編むと、前段の戻り目が手前に筋のように見えてくる。

パターンサンプル

バックステッチは11、12のオーバースカートのようにダブルフックで編む際に最も効果的。ここでは2色で往き目と戻り目を交互に編んでいる。

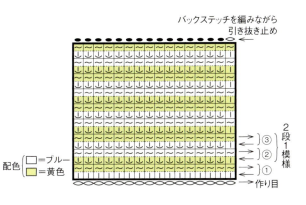

糸の替え方

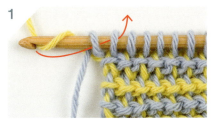

1
編んできた糸を手前から向こうにかけ、次の糸で戻る。

2
次の糸で戻り目を1目編んだところ。

ジグザグ模様

パターンサンプル

長いジグザグにしたり細いジグザグにしたり間の幅を調整して。
（19のナローマフラーに使用）

1. 端目の次にかけ目をして表目を4目編む。

2. 縦目3目に針を入れる。

3. 糸をかけて一度に引き出す。

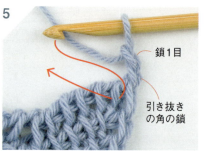

4. 記号図に従ってかけ目と3目一度をしながら編む。

5. 最後は引き抜き止めにする。かけ目をする位置では鎖編みを編んでから次の引き抜き編みを編む。

6. 5の矢印のように次の縦目に針を入れ、糸をかけて一度に引き抜く。

7. 3目一度のところでは縦目3目に針を入れ、糸をかける。

8. 4ループを一度に引き抜く。

9. ジグザグの形を保ちながら引き抜き止めができる。

波形模様

パターンサンプル
色の組み合わせで印象が変わる。
（05の小さなスカーフに使用）

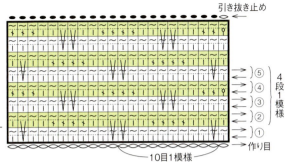

配色 □=ブルー ■=黄色

1

2段めは端から2目めは前後の縦目を編まずに針に移す（すべり目）。

2

表編み2目編んだら次の目を編む前にかけ目をして、縦目に針を入れ糸をかける。

3
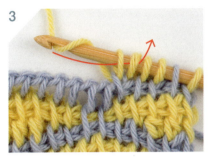
縦目から糸を引き抜き、更に針に糸をかける。

4
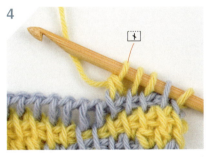
3の矢印のように針にかかった2本のループを一度に引き抜く（長編みの目）。

5

2～4をくり返して長編み目を4目編む

6

表編み2目、すべり目2目編んだところ。これを最後までくり返す。

7

4段めの端目は長編みの高さが必要なので、鎖1目編む。

8

次の目は長編み目を編む。

9

記号図に従って編み進める。

04 フワフワカシミヤのカウル

冷たい風も気にならない。カシミヤ糸で編んだ暖かいカウル。
もう手放せません。

使用糸 ▶ 14番双糸　　編み方 ▶ 56ページ

05
小さな衿巻き

少し太めの珍しいカシミヤ糸で編んだ衿巻きは、小さくても立派な真冬のアイテム。

使用糸 ▶ 7番双糸
編み方 ▶ 57ページ

06,07 椅子の背カバー

背カバーの両端に何かちょっとしたものを編み足して、フフフな気分にしました。

使用糸 ▶ モークウールB
編み方 ▶ 06（左）／58ページ　07（右）／59ページ

左ページのカバーはかのこ編み、茶系ストライプの方はねじり編み。家族それぞれの好きな色柄で編んで、私だけ、あなただけの椅子にしてみませんか。

08,09
形いろいろクッション

クッションはしっかりした編み地のアフガン編みにぴったりのアイテム。

使いやすそうな俵型はのお気に入りのソファーに置いてみて。
使用糸 ▶ マンセルメリノ レインボウ
編み方 ▶ 60ページ

たたみ編みの小さなクッションは、華やかな色使いで部屋のポイントに。
使用糸 ▶ マンセルメリノ レインボウ
編み方 ▶ 62ページ

10 朝の光のティーコゼー

目がさめる様な明るい色使いで、朝の食卓を元気よく。

使用糸 ▶ T ハニーウール
編み方 ▶ 63ページ

ボブルをぎっしり詰め込んだ編み地は、厚地になってティーコゼーにおすすめです。

表編みと裏編みを使ったパターン

裏編み目 ー

1

作り目と1段めはプレーンアフガン編みの編み方で編む(6ページ参照)。

2

2段めから裏編みにする。糸を手前におき、縦目に針を入れて糸をかけて矢印のように引き出す。

3

裏編みが1目編めたところ。

4

2・3をくり返して裏編みを編む。戻り目は基本の編み方と同じ。

パターンサンプル　編み終わりの端目は表編みで編むときれい。

パターンサンプル

表編みと裏編みを2目ずつ編んだら2目ゴム編みに。ここでは2段毎にずらして市松模様に。

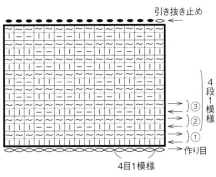

パターンサンプル

1段おきに表編みと裏編みを編んだもの。この場合は縦に少し縮んだ感じになる。
（13のルームシューズに使用）

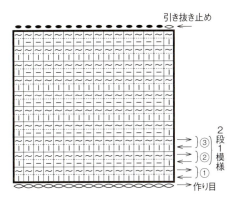

パターンサンプル

1目ゴム編みのような編み地。シングルフックの場合、最後の目を端目として数える場合は奇数で作り目をして、ダブルフックの場合は偶数にする。
（04のカシミヤカウルに使用）

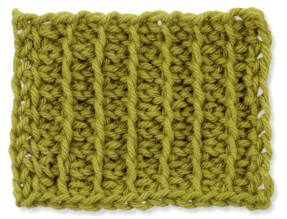
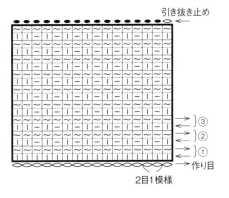

パターンサンプル

かのこ編み。ダブルフックの場合は奇数で作り目をする。
（06の椅子の背カバーに使用）

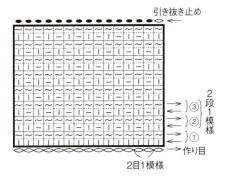

33

ダブルフック 基本の編み方

両端のフックを交互に使って輪に編む事ができる針がダブルフックアフガン針。テクニックはシングルフックと同じです。往き目と追い目（シングルフックでは戻り目になる編み方）を違う針先、違う糸で編みます。常に編んで行く方向は同じなので使う糸と針先が違うことをしっかり認識して下さい。編み始めの糸端は、段差がなくなるように最後の目とつなぎながら糸始末します。

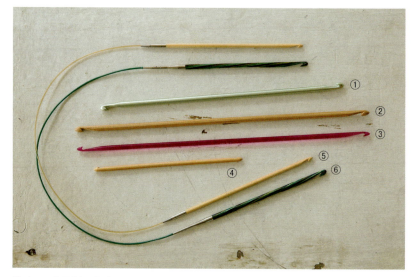

①珍しい金属製　②手に入りやすい竹製　③デンマークで見つけたきれいな色のスケルトン　④竹製の短いタイプ　⑤・⑥付け替え式

1
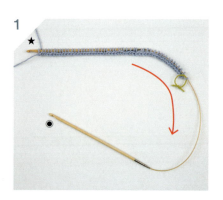

作り目と1段め往き目はシングルフック基本の編み方と同様に編む。最初の目にマーク（糸印）をつけておく。

2
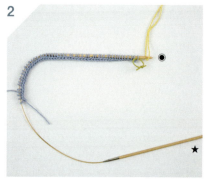

1の矢印のように編み目を反対側の針の方に移動させる。マークのついた目が針先にくる。

3
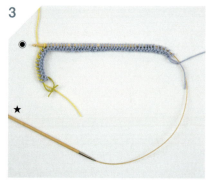

裏に返し、別糸（黄色）で追い目（シングルフックでは戻り目）を編む。

4
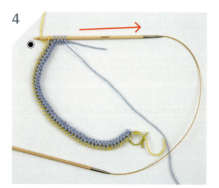

針に数目残るところまで編む（追い目）。シングルフックでは常に表を見ながら編むのに対して、ダブルフックでは追い目は裏面を見ながら編むことになる。

5
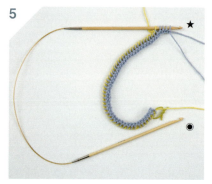

4の矢印のように編み目を反対側の針（1で使った針先）の方に移動させる。

6
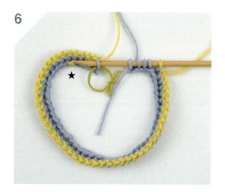

今度は輪にして表面を見ながら編む。マークをつけた縦目に針を入れ、ここからは2段めの往き目を編む。輪にする時はねじれないように注意する。

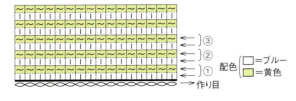

配色 □=ブルー ■=黄色

→作り目

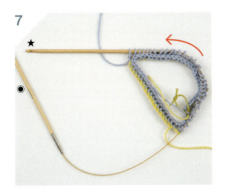

7 表面を見ながら往き目を拾えるところまで編む。

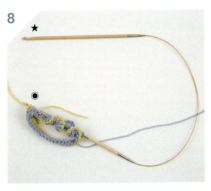

8 編み地を反対側の針（◉）の方に移動させる。

9 6で残した追い目の続きを編む。

10 追い目は往き目をすべて編んでしまわないで、数目残してから次の往き目を始める方が編みやすく、きれいに仕上がる。

11 表から、裏からと、くり返して編む。写真は追い目を編んでいるところ（裏面を見ながら編む）。

12 往き目を編むときは、表面を見てA色で編む。追い目を編む時は、裏面を見てB色で編む。これを交互にくり返す。編み終わりはシングルフックと同様に引き抜き止めにする。

付け替え式の針は大きいものを編む時に、何度も往き目と追い目を持ち替えて編む必要がないので便利。右／シングルフック　左／ダブルフック

11,12 バックステッチのオーバースカート

ダブルフックならではの、色の組み合わせを楽しめるアイテム。ヨーク部分はシングルフックを使用しています。

使用糸
アメリー、
コロポックル《マルチカラー》

編み方
11（上）／64ページ
12（下）／66ページ

どちらのスカートも追い目は同じ糸ですが、往き目の糸を替えると印象が違います。メリヤス編みとバックステッチの組み合わせで。

13, 14, 15 フェルティングのルームシューズ

シングルフックとダブルフック、両方のテクニックで様々な編み地の
組み合わせを楽しんで下さい。

使用糸 ▶ petit four（プチ・フール）
編み方 ▶ 13（左）／68ページ　14（中）／69ページ　15（右）／70ページ

13／表編みと裏編みを組み合わせた編み地。
14／絣模様のような編み込み柄とかのこ編みの組み合わせ。
15／履き口のボブルがポイント。つま先は1目ゴム編みのよう。

リバーシブル編み

ダブルフックアフガン針を使用します。シングルフックでも編めますが、ダブルフックアフガンだからこそのシンプルな方法です。編む方向に注意して編んでください。

表面

裏面

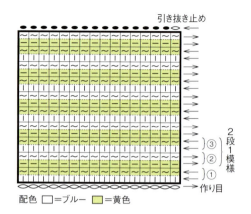

配色 □=ブルー ■=黄色

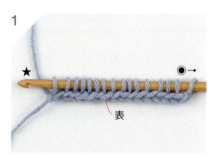

1 シングルフック基本の編み方（p6）と同じ方法で作り目をして、往き目を編む。

2 裏に返して反対側の針の方（●）に編み地を移動する。

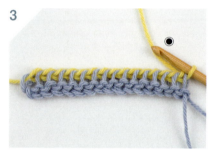

3 別糸（黄色）をかけて戻り目（追い目）の要領で編む。

4 続けて裏面を見たまま黄色の糸で往き目を端まで編む。

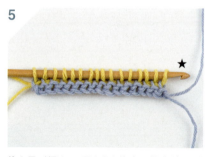

5 往き目が編めて、目をもう片方の端（★）に移動させたところ。

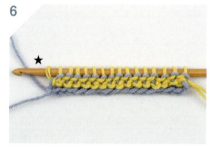

6 表に返して今度は水色で戻り目の要領で編む。

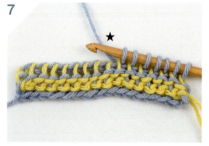

7 続けて表面を見たまま水色で往き目を編む。

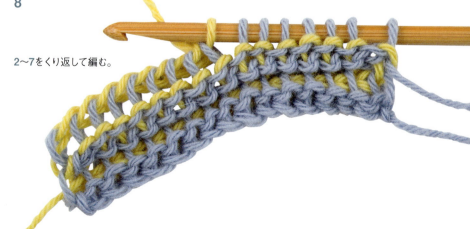

8 2〜7をくり返して編む。

16
便利な敷物

コーヒーマット、おやつマット、それともコースターに。リバーシブルなのでその時々で、好きな色を表にして使って下さい。

使用糸 ▶ cocon（ココン）
編み方 ▶ 71ページ

17, 18
キラキラフィンガレス手袋

カフス部分はシングルフック、甲の部分はダブルフックで編みます。

使用糸 ▶ モークウールA
編み方 ▶ 17（左）・18（右）／72ページ

19
ナローマフラー

コットンヤーンにすこ〜しビーズを編み入れた春夏アイテム。着こなしのアクセントに。

使用糸 ▶ パレット
編み方 ▶ 74ページ

ビーズの編み入れ方

 編む前に糸にビーズを通さない簡単な編み入れ方法です。意外な組み合わせのおもしろさを見つけました。ビーズの穴に通るレース針を用意しましょう。

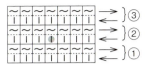

1

レース針にビーズを通し、アフガン針からはずした編み目にレース針を入れる。

2

ビーズを編み目に移す（編み目の根元部分に入る）。

3

編み目をアフガン針に戻す。

4

ビーズが編み入れられた様子。

20, 21, 22, 23
小さなマットいろいろ

円形にトゲトゲ、ちょっとしたテクニックで違った形になります。いろいろ工夫して形を作るのも楽しい。

使用糸 ▶ 20 マンセルメリノレインボウ
21、22、23 メリノウールDK（並太）
編み方 ▶ 76ページ

24, 25
三色チェックのボトルカバー

バックステッチを効果的に使って格子柄にしました。フェルティングをしたら地厚になって、丈夫で便利なカバーに変身しました。

使用糸 ▶ メリノウールDK（並太）
編み方 ▶ 75ページ

サークルに編む

編み方は簡単な引き返し編みです。毎段目数を増やして引き返し編みで編みます。階段状になった編み目をそのまま拾って段消しすると丸い編み地ができあがります。

配色 □=黄緑 ■=黄色
2目1模様

1

1段め、7目鎖編みの作り目をして、往き目を1目編む（2目）。

2

戻り目を編む（2目）。

3

2段め、1段めの縦目を拾って1目、次の鎖の裏山を拾って1目を編み、戻り目を編む（3目）。

4

毎段1目ずつ往き目の数を増やして編む（3段め、4目）。

5

作り目の鎖7目分を全目拾うまで編む。

6

最後の戻り目を編む時に次の色の糸に替えて編む。

7

1パートの編みあがり、次のパートの1目めの糸が替わっている状態。

8

次のパーツは表編みの縦目を拾って、1～7をくり返し、2パートめのできあがり。

9

これをくり返し、最後のパートまで編めたところ。糸をとじ分を残して切って引き出し、とじ針に通す。

10

端目が続くように1パートめの端目とつなぐ。

11

1パートめは戻り目の1本と縦目を、

12

最後のパートは縦目1本を拾ってとじていく。

12

とじ終わったところ。中心は穴があいた状態になる。

13

中心は各パートの6段めの戻り目各2本に糸を通して絞る。

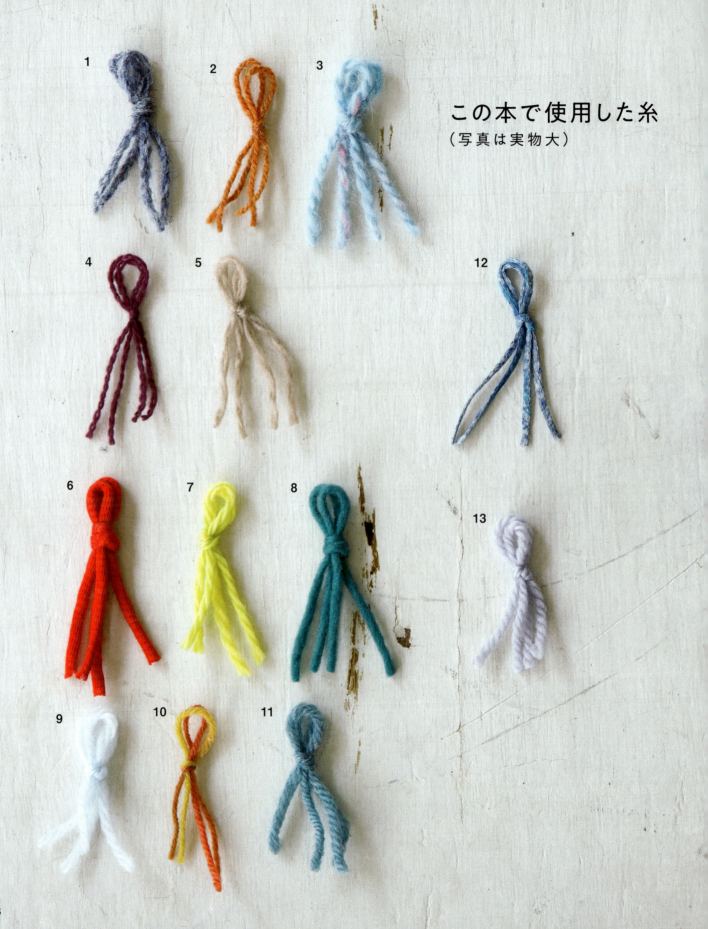

この本で使用した糸
（写真は実物大）

	使用糸	品質	色数	仕立て	糸長	糸のタイプ	標準棒針の号数 (かぎ針の号数)
\multicolumn{8}{l}{ておりや　http://www.teoriya.net　Tel 06-6353-1649}
1	モークウールB	ウール100%	32	90〜100gカセ	約160m/100g	並太	8〜10号 (7/0〜8/0号)
2	モークウールA	ウール100%	32	90〜100gカセ	約340m/100g	合太	4〜6号 (5/0〜6/0号)
3	Tハニーウール	ウール80%　アンゴラ20%	42	65〜85gカセ	約210m/100g	並太	7〜9号 (8/0〜10/0号)
\multicolumn{8}{l}{恵糸や（かしみや）　www.itoshop-cashmere.jp　Tel 042-769-6335}
4	14番双糸	カシミヤ100%	23	100g玉巻	約650m/100g	合細	2〜4号 (3/0〜5/0号)
5	7番双糸	カシミヤ100%	2	100g玉巻	約350m/100g	合太	4〜6号 (3/0〜6/0号)
\multicolumn{8}{l}{株式会社オカダヤ　http://www.okadaya.co.jp/　Tel 03-5386-6435}
6	cocon(ココン)	アクリル75%　ポリエステル25%	15	40g玉巻	約42m	極太 (チューブヤーン)	10〜12号 (8/0〜10/0号)
7	メリノウールDK(並太)	ウール(メリノ)100%	26	40g玉巻	約88m	並太 (ストレートヤーン)	6〜7号 (6/0号〜7/0号)
8	petit four(プチ・フール)	ウール100%	12	30g玉巻	約51m	極太 (フェルトヤーン)	11〜13号 (9/0〜10/0号)
\multicolumn{8}{l}{ハマナカ株式会社　http://www.hamanaka.co.jp　Tel 075-463-5151}
9	かわいい赤ちゃん	アクリル60%　ウール40%(メリノウール使用)	18	40g玉巻	約105m	並太	5〜6号(5/0号)
10	コロポックル ≪マルチカラー≫	ウール40%　アクリル30%　ナイロン30%	9	25g玉巻	約92m	中細	3〜4号(3/0号)
11	アメリー	ウール70%(ニュージーランドメリノ使用) アクリル30%	50	40g玉巻	約110m	並太	6〜7号 (5/0〜6/0号)
\multicolumn{8}{l}{イサガージャパン株式会社　email:yurix@isager.jp　Tel 0466-47-9535}
12	パレット	コットン100%	5	50g巻	約160m	合細	3〜4号
\multicolumn{8}{l}{ユザワヤ商事株式会社　http://www.yuzawaya.co.jp/　Tel 03-3735-4141}
13	マンセルメリノレインボウ	メリノウール100%	150	30g玉巻	約66m	並太	6〜7号 (5/0〜6/0号)

01 ベビーアフガン

口絵 12.13 ページ

▶材料
ハマナカ かわいい赤ちゃん
生成り（2）180g 刺しゅう用中細毛糸
灰味水色、サーモンピンク、
若草色 各少々

▶用具
シングルフックアフガン針4.5mm（8号）

▶できあがり寸法
60×60cm

▶ゲージ
10cm平方で模様編み 17目14段

▶編み方ポイント
鎖編みの作り目を102目作りプレーンアフガン編みで1段編みます。2段めの往きの目を編む時にボブルを図の位置に編みます。その後、偶数段の両端（端から2目め）に同様にボブルを編みながら、その他の部分はプレーンアフガンで編みます。最終段は2目めと同様にボブルを2目おきに編み、編み終わりは引き抜き止めにします。刺しゅう位置にクロスステッチで刺しゅうをします。

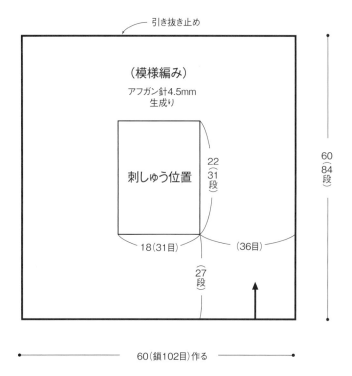

刺しゅう図案

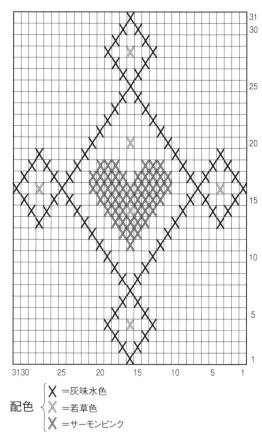

配色
X ＝灰味水色
X ＝若草色
X ＝サーモンピンク

※クロスステッチの刺し方は11ページ参照

模様編み

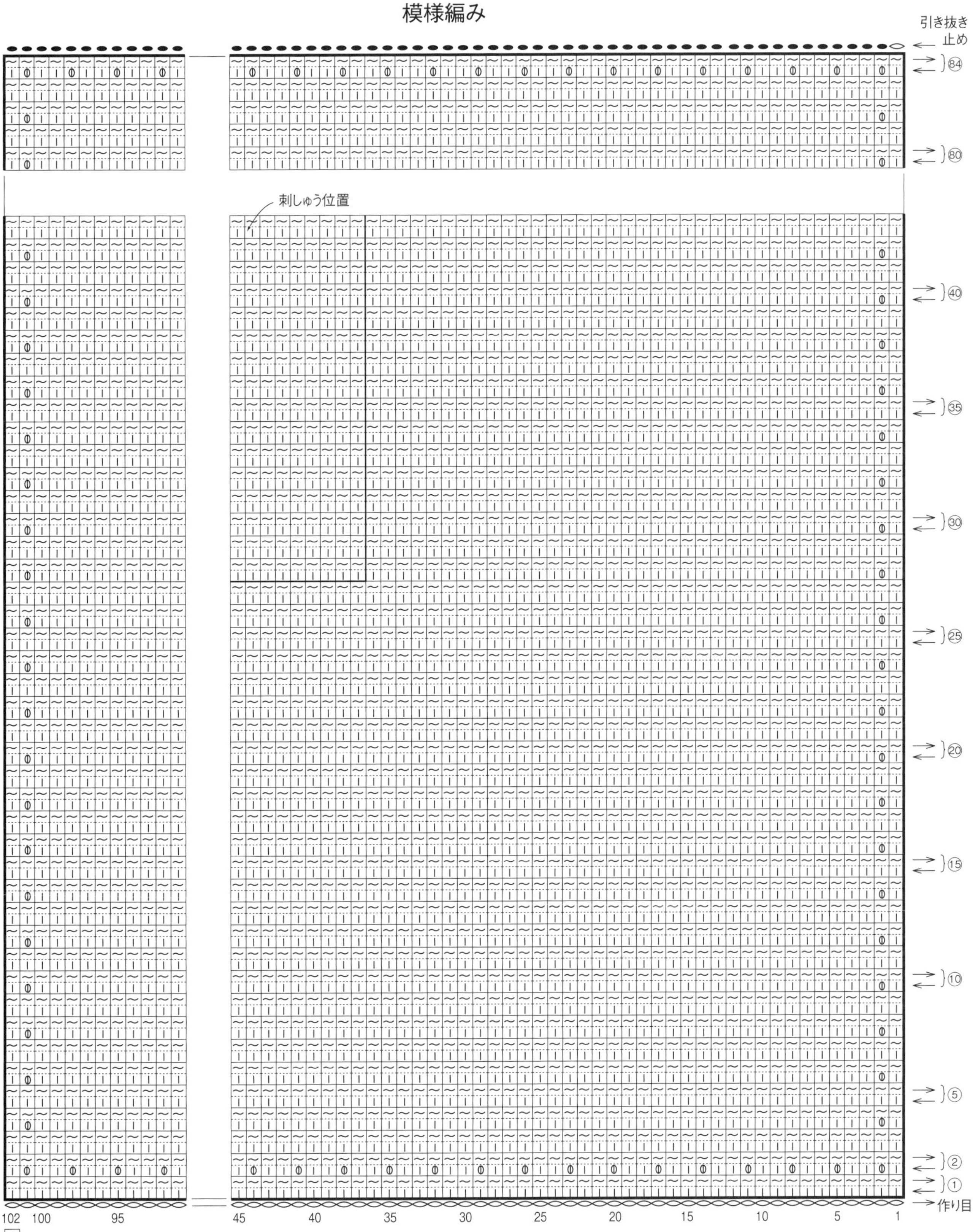

引き抜き止め
刺しゅう位置
84
80
40
35
30
25
20
15
10
5
2
1
作り目
102 100 95
45 40 35 30 25 20 15 10 5 1

= ボブル（編み方は22ページ参照）

02 | 縞縞アフガン

口絵 14.15 ページ

▶材料

ておりや オリジナルモークウール A
生成り（32）70g、ベージュ（13）50g、サンドベージュ（12）35g、オリーブグリーン（04）・赤茶（01）・紺（28）各20g、水色（31）15g

▶用具

シングルフックアフガン針4mm（6〜7号）

▶できあがり寸法

58×76cm

▶ゲージ

10cm平方でプレーンアフガン編み縞 22目17段

▶編み方ポイント

生成りで鎖編みの作り目を120目作り、プレーンアフガン編み縞を図のように色を替えながら編みます。編み終わりは生成りで引き抜き止めにします。縁飾りは記号図を参照して縁編みで102模様編み、周囲にかがりつけます。

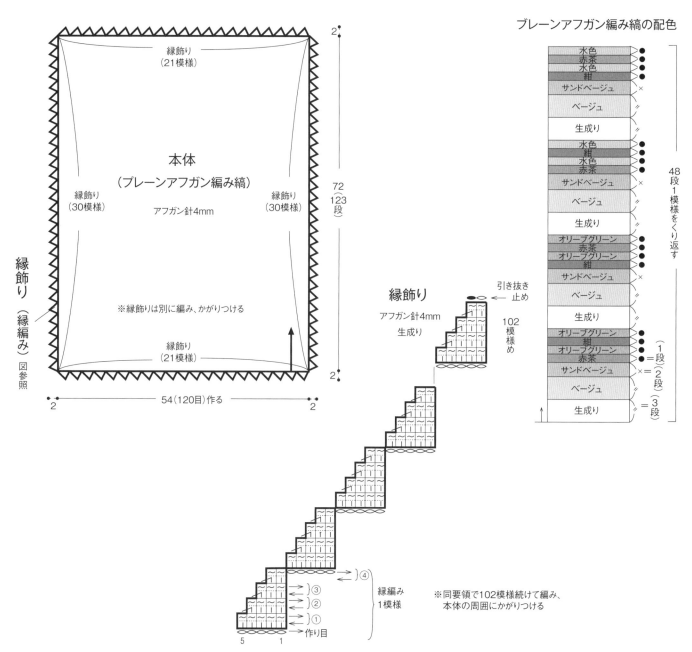

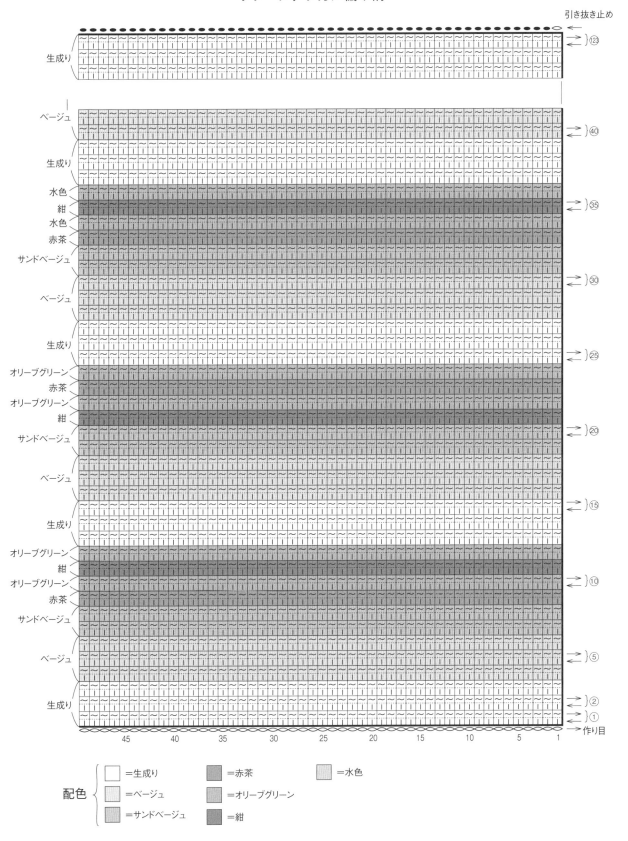

03 | ナインパッチ風毛布

口絵 16.17 ページ

▶材料
ておりや T ハニーウール　ピンク (03) 130g、赤 (01) 90g、水色 (28) 80g

▶用具
シングルフックアフガン針 4.5mm (8号)

▶できあがり寸法
60 × 84cm

▶ゲージ
10cm 平方で編み込み模様 17.5目 12.5段

▶編み方ポイント
それぞれの色の糸で鎖編みの作り目をして、縦に糸を渡す編み込みの方法で編み込み模様を編みます。左端は2本拾いの編み方にします。編み終わりはそれぞれの糸で引き抜き止めにします。編みあがった後、指定の色を縦にクロスステッチで刺しゅうしますが縦目2目にかかるように大きいクロスステッチにします。

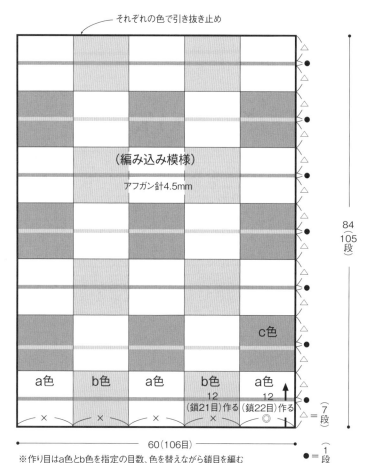

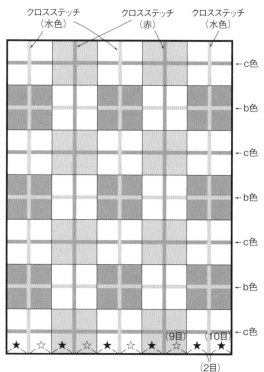

編み込み模様の配色と刺しゅう位置

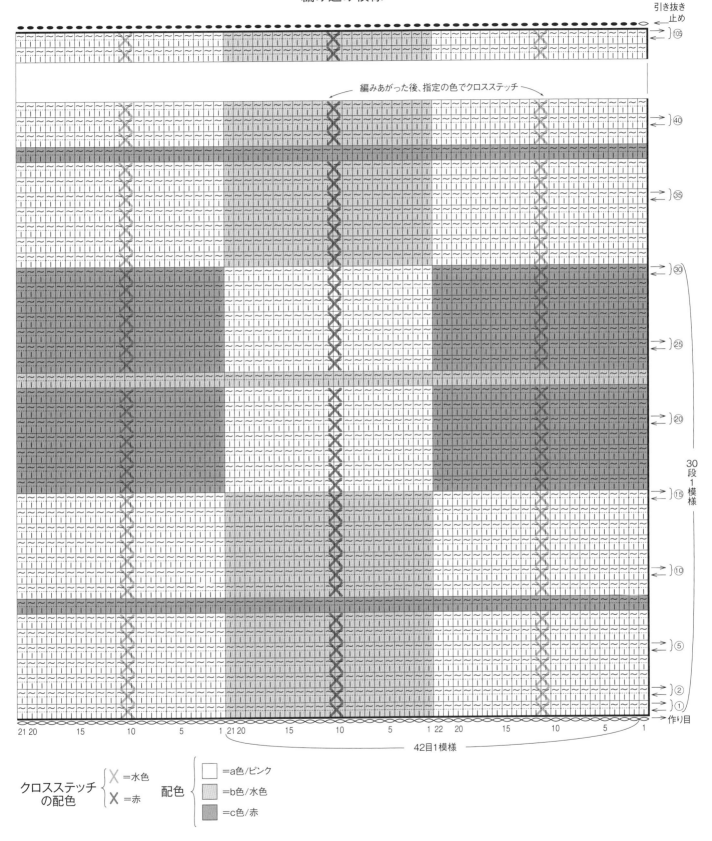

04 フワフワ カシミヤのカウル

口絵 26 ページ

▶材料
カシミヤ 14 番双糸
オリーブ色・ワインパープル各 20g

▶用具
ダブルフックアフガン針 4mm（6〜7号）

▶できあがり寸法
首回り 54cm、丈 14cm

▶ゲージ
10cm 平方でクロス編み 20.5目16.5段

▶編み方ポイント
糸は2本どりで編みます。オリーブ色で作り目を111目編み、配色しながら模様編み縞を輪に7段編みます。続けて配色を替えて1段めは模様編み、2段めからはクロス編み縞を9段、配色を替えて1段めはクロス編み、2段めからは模様編み縞を6段編みます。編み終わりはオリーブ色で模様を編みながら引き抜き止めにします。

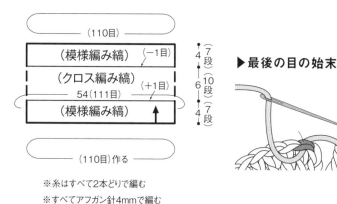

▶最後の目の始末

編み図中の段数は、実際に見えている段数です。棒針編みの編み地と同じように、模様は操作した段の1段下にできるので模様を変えた1段めは、前段の模様を編むことになります。

配色 { □=オリーブ色　■=ワインパープル }

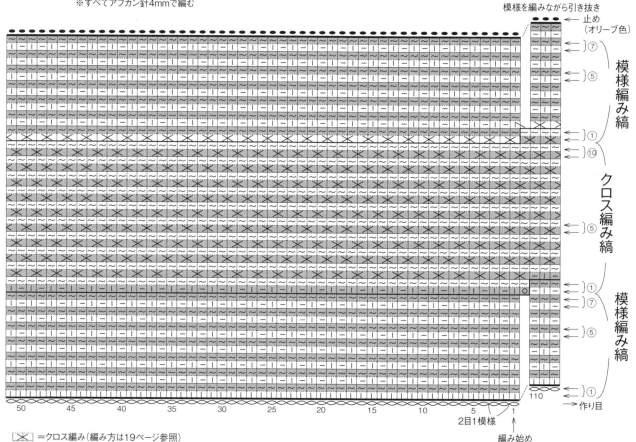

[※]=クロス編み（編み方は19ページ参照）
[○]=かけ目（編み方は9ページ参照）
[人]=2目一度（編み方は8ページ参照）

05 | 小さな衿巻き

口絵 27 ページ

▶材料
カシミヤ 7 番双糸
モカベージュ・チャコールグレー各 30g

▶用具
シングルフックアフガン針 4mm（6〜7号）
かぎ針 4/0 号

▶できあがり寸法
幅 10cm、長さ 141cm

▶ゲージ
10cm 平方で模様編み縞 20 目 14 段

▶編み方ポイント
モカベージュで作り目を 282 目編み、配色しながら模様編み縞を 14 段編みます。編み終わりはチャコールグレーで引き抜き止めにします。そのまま図を参照して縁編みを編みます。

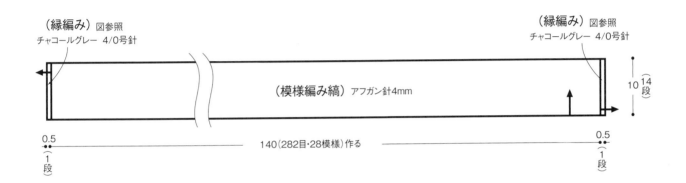

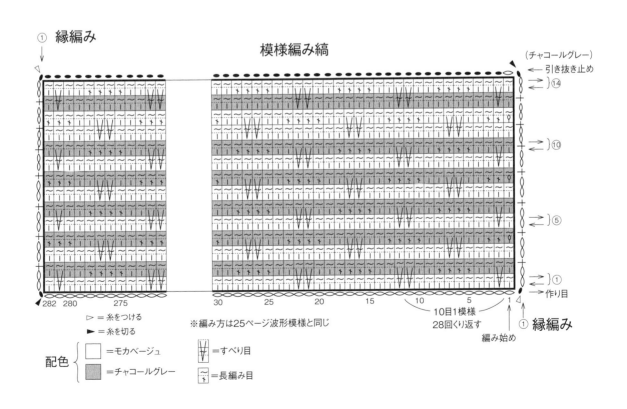

06 | 椅子の背カバー

口絵 28 ページ

▶材料
ておりや オリジナルモークウール B
水色(31) 60g、生成り(32) 50g、
紺(28) 40g、ピンク(21) 30g

▶用具
ダブルフックアフガン針 5mm (9～10号)

▶できあがり寸法
幅 36.5cm、長さ 37cm(飾り除く)

▶ゲージ
10cm平方で模様編み縞 14目12段

▶編み方ポイント
水色で鎖編みの作り目を103目作り、図を参照して色を替えながら模様編み縞を輪に編みます。続けてバックステッチを2段編み、水色でバックステッチを編みながら引き抜き止めにします。飾りは編み始めの鎖1本を拾って輪に編みます。飾り以外の編み始め部分は、はぎ合わせます。

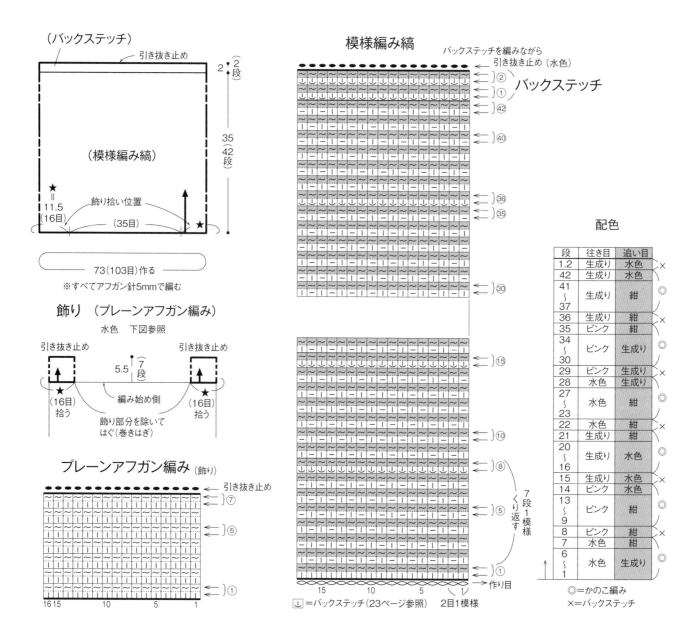

07 椅子の背カバー

口絵29ページ

▶材料
ておりや オリジナルモークウール B
赤茶（01）100g、こげ茶（11）90g

▶用具
ダブルフックアフガン針5mm（9～10号）

▶できあがり寸法
幅36.5cm、長さ37cm（飾り除く）

▶ゲージ
10cm平方で模様編み縞 13.5目12段

▶編み方ポイント
赤茶で鎖編みの作り目を100目作り、図を参照して模様編み縞を輪に編みます。続けてバックステッチを2段を編み、こげ茶でバックステッチを編みながら引き抜き止めにします。飾りは、編み始めの鎖1本を拾って図を参照して減目しながら編みます。飾りと編み始めをとじ・はぎで合わせます。

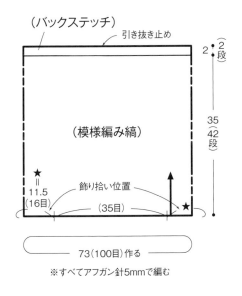

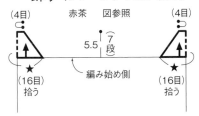

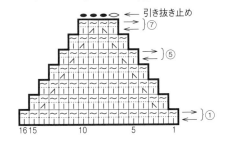

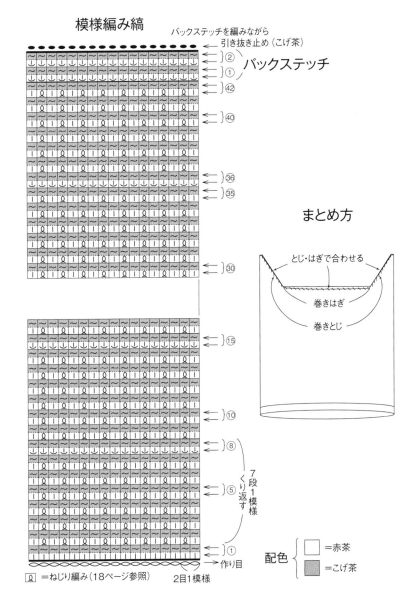

08　形いろいろクッション

口絵 30 ページ

▶材料
ユザワヤ マンセルメリノ レインボウ オリーブグリーン（48）・深緑（57）各 100g、直径 20mm のボタン 2 個、ヌードクッション用布 54cm × 55.5cm（縫い代各 1cm 含む）、キルト芯 58cm × 100cm

▶用具
ダブルフックアフガン針 4mm（6 〜 7 号）
かぎ針 3/0 号

▶できあがり寸法
円周 50cm、長さ 51.5cm

▶ゲージ
10cm 平方で模様編み縞 A・B ともに 20 目 16 段

▶編み方ポイント
オリーブグリーンで鎖編みの作り目を 101 目作り、輪に編みます。模様編み縞 A は往き目はオリーブグリーン、追い目は深緑で 40 段編み、バックステッチの 1 段から配色を逆にします。模様編み縞 B を 40 段編みますが 5 段ごとにプレーンアフガン編みを編むので注意します。編み終わりは引き抜き止めにし、全目に糸を通して引き絞ります。ヌードクッションを作って中に入れ、編み始めの鎖目に糸を通して引き絞ります。わの作り目をして、くるみボタンを作り、両端に縫いつけます。

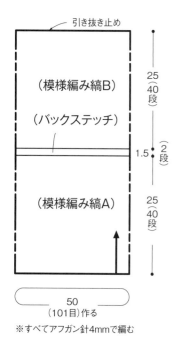

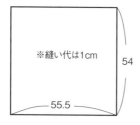

ヌードクッション用布
※縫い代は 1cm

くるみボタン
3/0 号針 深緑 2 枚

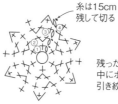

糸は 15cm 残して切る

残った目に糸を通し、中にボタンを入れてから引き絞る

＋ = 細編み（64 ページ参照）
⋎ = 細編み 2 目編み入れる（74 ページ参照）
⋏ = 細編み 2 目一度（74 ページ参照）

まとめ方

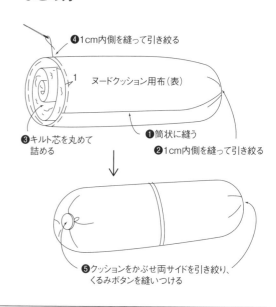

❶筒状に縫う
❷1cm 内側を縫って引き絞る
❸キルト芯を丸めて詰める
❹1cm 内側を縫って引き絞る
ヌードクッション用布（表）
❺クッションをかぶせ両サイドを引き絞り、くるみボタンを縫いつける

▶わの作り目

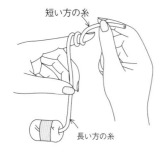

1　左手の人差し指に短い方の糸を 2 回巻きつけます。

2　輪にした糸を左手からはずし、左手の親指と中指ではさんで押えます。

3　長い方の糸を左手にかけて、輪の中にかぎ針を入れ、糸をかけて引き出します。

4　もう一度糸をかけて引き出します。

5　最初の目のできあがりです。（1 目とは数えません）

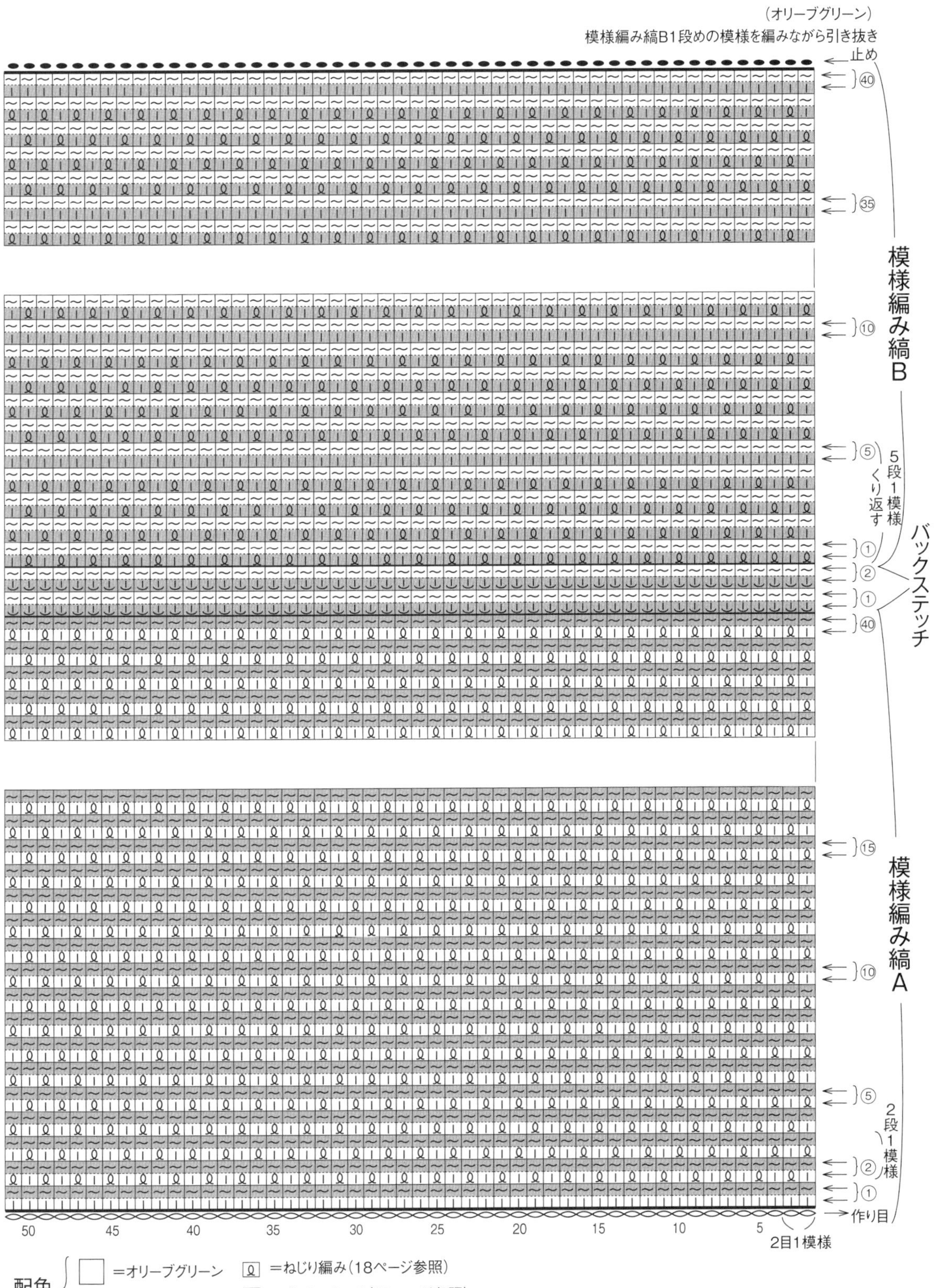

（オリーブグリーン）
模様編み縞B1段めの模様を編みながら引き抜き止め
40
35
10
5
1
2
1
40
15
10
5
2
1
作り目
5段1模様くり返す
2段1模様
模様編み縞B
バックステッチ
模様編み縞A
50
45
40
35
30
25
20
15
10
5
2目1模様

配色 ｛ □＝オリーブグリーン
■＝深緑

Q＝ねじり編み（18ページ参照）

↓＝バックステッチ（23ページ参照）

09　形いろいろクッション

口絵 30 ページ

▶材料
ユザワヤ マンセルメリノ レインボウ
緑味のうすグレー（66）・赤（13）・
オレンジ色（17）各 60g、
クッションのつめ綿適宜

▶用具
ダブルフックアフガン針 4mm（6〜7号）

▶できあがり寸法
25×25cm

▶ゲージ
10cm平方でたたみ編み縞
20目17.5段

▶編み方ポイント
緑味のうすグレーで鎖編みの作り目を100目作り、輪にたたみ編みを色を替えながら編みます。編み終わりは赤でたたみ編みをしながら引き抜き止めにし、巻きかがりで合わせます。つめ綿を詰め、編み始めの鎖目を巻きはぎで合わせます。

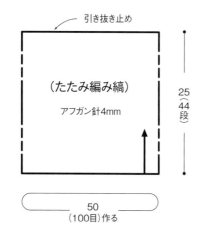

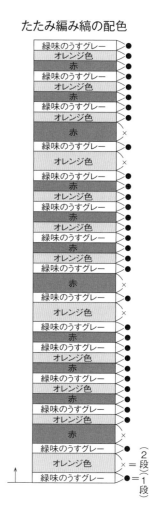

たたみ編み縞の配色

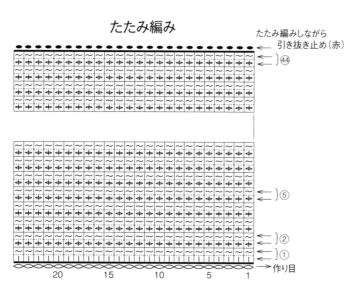

たたみ編み

※たたみ編みの編み方は21ページ参照

10 朝の光のティーコゼー

口絵 31 ページ

▶材料
ておりや Tハニーウール
オレンジ色（12）45g、黄緑（06）35g

▶用具
ダブルフックアフガン針4mm（6～7号）

▶できあがり寸法
幅25cm、高さ19.5cm

▶ゲージ
10cm平方で模様編み縞 17.5目12段

▶編み方ポイント
黄緑で鎖編みの作り目を88目作り輪にします。図の配色でバックステッチを5段編み、続けて模様編み縞を21段編みます。編み終わりは黄緑で引き抜き止めにし、巻きはぎで合わせ、指コードを作って指定の位置に縫いつけます。

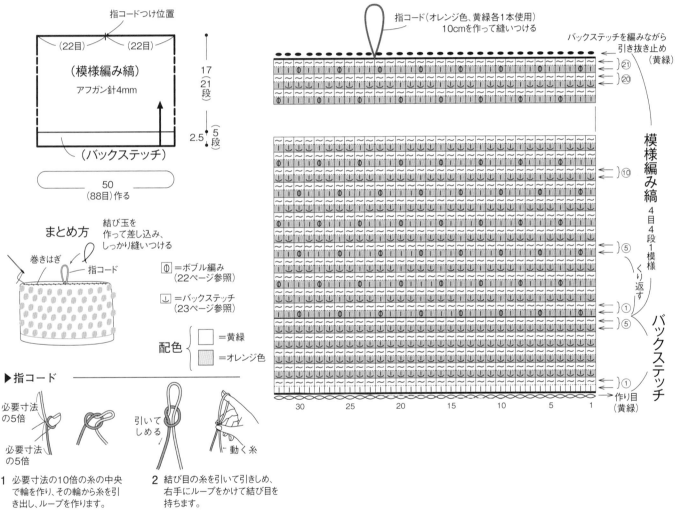

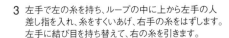

▶指コード

1 必要寸法の10倍の糸の中央で輪を作り、その輪から糸を引き出し、ループを作ります。

2 結び目の糸を引いて引きしめ、右手にループをかけて結び目を持ちます。

3 左手で左の糸を持ち、ループの中に上から左手の人差し指を入れ、糸をすくいあげ、右手の糸をはずします。左手に結び目を持ち替えて、右の糸を引きます。

4 ループの上から右手の人差し指を入れ、糸をすくいあげ、左手の糸をはずします。右手に結び目を持ち替えて、左の糸を引きます。

5 3.4をくり返します。

6 糸をしめる強さを一定にして結んでいきます。

11 バックステッチのオーバースカート

口絵 36.37 ページ

▶材料
ハマナカ アメリー 青 (37) 100g
コロポックル《マルチカラー》 オレンジ×茶系ミックス (108)・黄緑×茶系ミックス (109) 各75g、直径20mmのボタン3個

▶用具
ダブルフックアフガン針4.5mm (8号)
かぎ針6/0号

▶できあがり寸法
胴囲69cm、丈33cm

▶ゲージ
10cm平方で模様編みA・Bともに17.5目、模様編みA20.5段、模様編みB15段

▶編み方ポイント
アメリーで鎖編みの作り目を180目作り、プレーンアフガン編みで1段、2段めから輪にします。往き目はアメリー、追い目はコロポックル2本どりで模様編みAを40段編みます。ヨークはバックステッチを1段編んだら往復編みにし、図を参照して往き目、戻り目で糸を替えて編みます。編み終わりは模様を編みながら引き抜き止めにし、続けて左あき側に図を参照してボタンループを作ります。

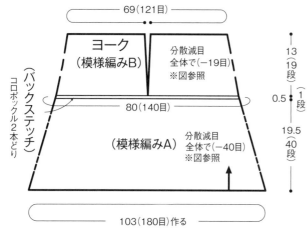

※コロポックル《マルチカラー》は、各色各1本ずつで2本どりにして編む
※指定以外はすべてアフガン針4.5mmで編む
※サイズアップする場合は針を太くする

+=細編み (64ページ参照)

▶ 十 細編み目

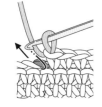

1 矢印のように前段の編み目の鎖目2本に、かぎ針を入れます。

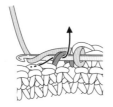

2 かぎ針に糸を向こう側から手前にかけて、矢印のように引き出します。

3 鎖1目分の高さの糸を引き出します。

4 もう一度かぎ針に糸をかけて、かぎ針にかかっている2本を一度に引き抜きます。

5 細編み目が編めました。

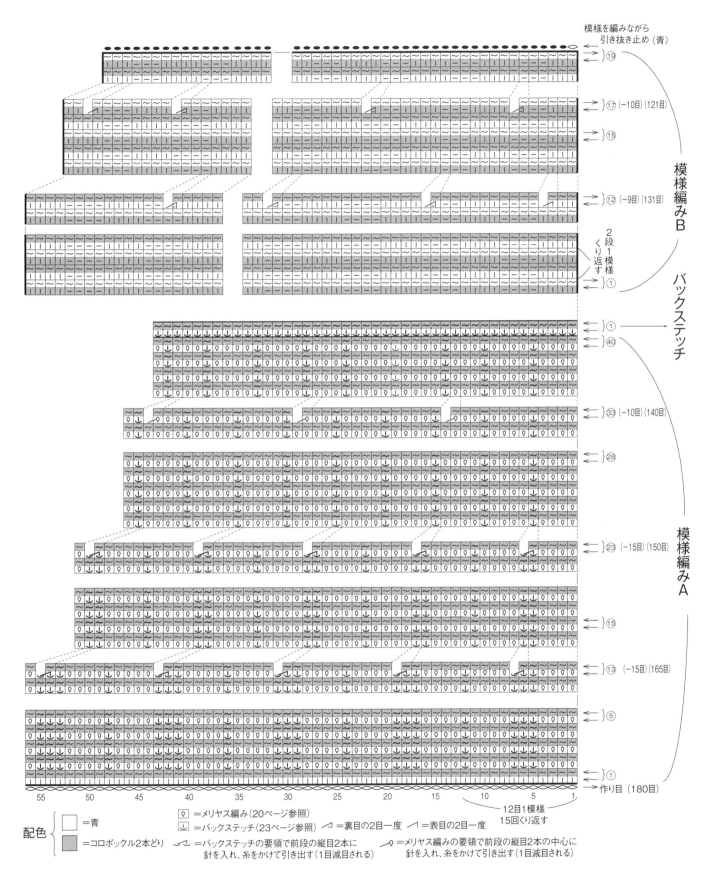

12 バックステッチのオーバースカート

口絵 36.37 ページ

▶材料
ハマナカ アメリー カーキ色（38）130g
コロポックル《マルチカラー》 オレンジ×茶系ミックス（108）・黄緑×茶系ミックス（109）各65g、直径20mmのボタン3個

▶用具
ダブルフックアフガン針4.5mm（8号）
かぎ針6/0号

▶できあがり寸法
胴囲69cm、丈37cm

▶ゲージ
10cm平方で模様編みA・C
17.5目 16段

▶編み方ポイント
アメリーで鎖編みの作り目で180目作りプレーンアフガン編みを1段、2段めから輪にします。往き目はアメリー、追い目はコロポックル2本どりで模様編みA・Bを編みます。ヨークは往復編みにし、図を参照して往き目、戻り目ともアメリーで編みます。編み終わりは模様を編みながら引き抜き止めにします。糸をつけてヨークの右あき側に図を参照してボタンループを作ります。

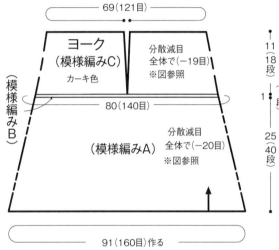

※コロポックル《マルチカラー》は、各色各1本ずつで2本どりにして編む
※指定以外はすべてアフガン針4.5mmで編む
※サイズアップする場合は針を太くする

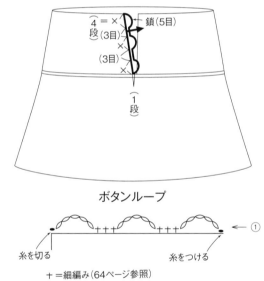

ボタンループ カーキ色 6/0号針

＋=細編み（64ページ参照）

▶ 十 細編みのすじ編み目

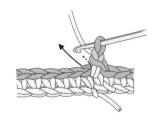

1 前段の向こう側半目に矢印のように針を入れます。

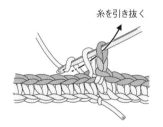

2 かぎ針に糸をかけて引き出し、もう一度針に糸をかけて引き抜き、細編みを編みます。

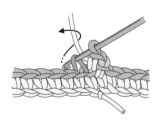

3 次の目も同様に、向こう側半目にかぎ針を入れて細編みを編みます。

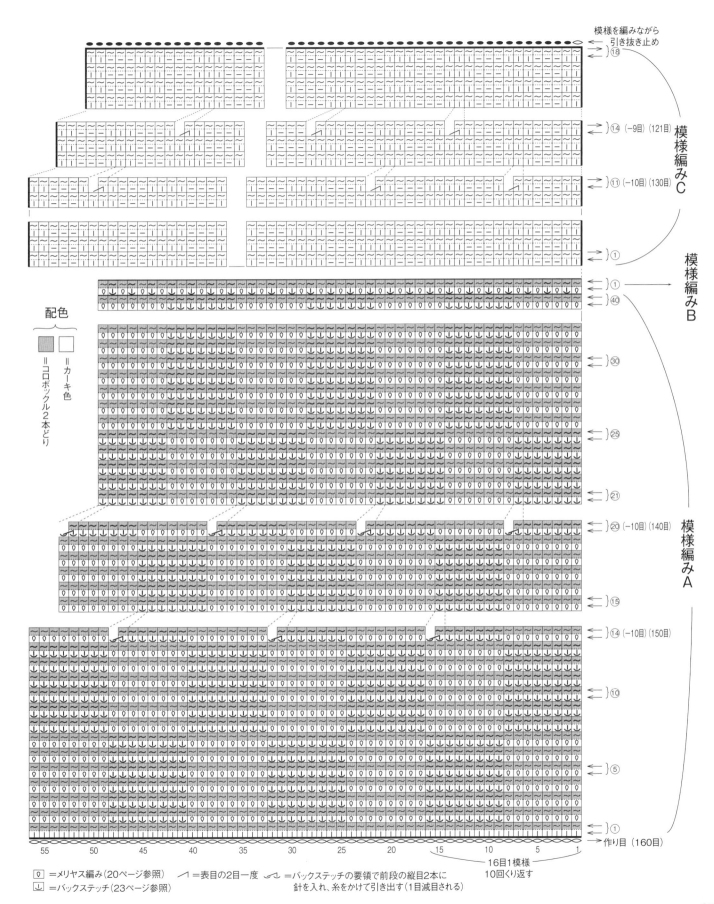

13 | フェルティングのルームシューズ

口絵 38.39 ページ

▶材料
オカダヤ　Petit four（プチ・フール）
青（9）・ライトグレー（11）
使用糸量は表参照

▶用具
ダブルフックアフガン針、シングルフック
アフガン針5mm（9～10号）
かぎ針8/0号

▶できあがり寸法
底丈 24cm（フェルティング後のサイズ）

▶ゲージ
10cm平方で模様編み縞A・模様編み縞B
とも19目 13.5段

▶編み方ポイント
糸端を25cm残して作り目を編み、かかとを増し目をしながら模様編み縞Aを編みます。甲は往き目と追い目で色を替えながら模様編み縞Bで輪に編みます。つま先は配色糸で細編みのすじ編みを減目しながら輪に編み、残った3目に糸を通して引き絞ります。作り目の際に残しておいた糸でかかとをとじ合わせます。

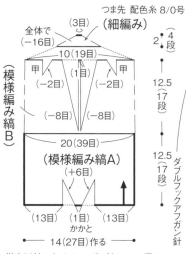

糸量

つま先が青		つま先がライトグレー	
青	45g	ライトグレー	45g
ライトグレー	45g	青	45g

（同じものを2枚編んだ場合の量を掲載）

▶フェルティングの方法
フェルティングしたい作品を洗濯ネットに入れて普通の洗濯と同様に洗濯機で洗います。特にウール用洗剤を使わず洗って様子を見ます。サイズダウンをさせたい場合はもう1回洗います。1回での変化で納得がいけば湿っている間に形を整えます。
タオルなどを詰めて丸みを出してそのまま乾燥させます。

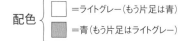

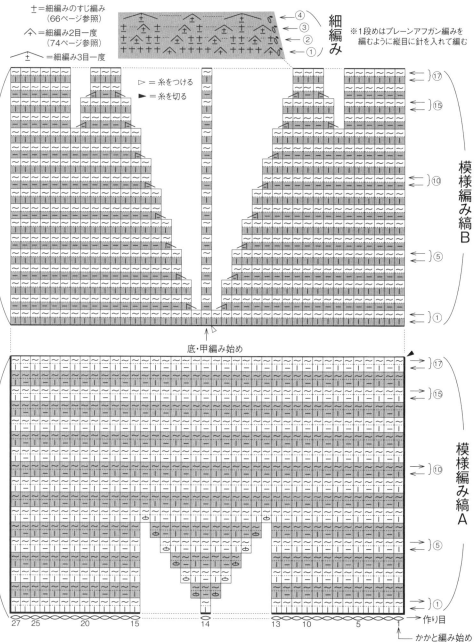

14 フェルティングのルームシューズ

口絵 38.39 ページ

▶材料

オカダヤ　Petit four（プチ・フール）
緑（7）・紺（10）使用糸量は表参照

▶用具

ダブルフックアフガン針、シングルフック
アフガン針5mm（9〜10号）
かぎ針8/0号

▶できあがり寸法

底丈 24cm（フェルティング後のサイズ）

▶ゲージ

10cm平方で編み込み模様・模様編み縞とも
19目 13.5段

▶編み方ポイント

糸端を25cm残して作り目を編み、かかとを増し目をしながら編み込み模様で編みます。甲は往き目と追い目で色を替えながら模様編み縞で輪に編みます。つま先は配色糸で細編みで減目しながら輪に編み、残った3目に糸を通して引き絞ります。作り目の際に残しておいた糸でかかとをとじ合わせます。

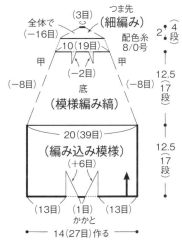

糸量

つま先が紺		つま先が緑	
緑	60g	紺	60g
紺	30g	緑	30g

（同じものを2枚編んだ場合の量を掲載）

▶フェルティングの方法

フェルティングしたい作品を洗濯ネットに入れて普通の洗濯と同様に洗濯機で洗います。特にウール用洗剤を使わず洗って様子を見ます。サイズダウンをさせたい場合はもう1回洗います。1回での変化で納得がいけば湿っている間に形を整えます。
タオルなどを詰めて丸みを出してそのまま乾燥させます。

※編み込み模様は糸を横に渡す編み込み
編み方は78ページ参照
◯=増し目-2（編み方は9ページ参照）

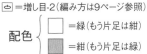

配色
□=緑（もう片足は紺）
■=紺（もう片足は緑）

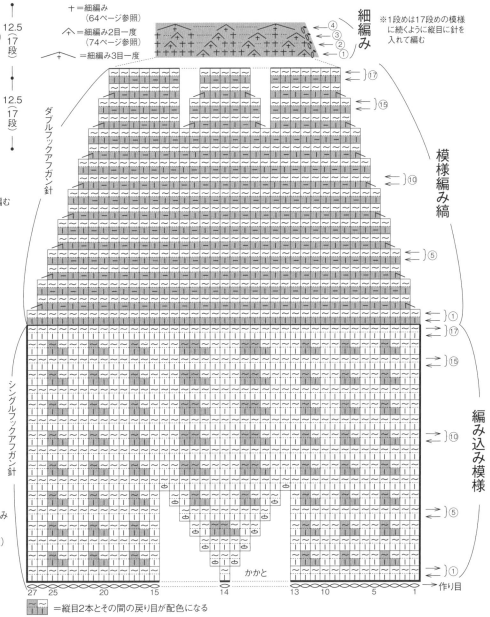

15 | フェルティングのルームシューズ

口絵 38.39 ページ

▶材料
オカダヤ　Petit four（プチ・フール）
赤（4）・黄色（5）使用糸量は表参照

▶用具
ダブルフックアフガン針、シングルフック
アフガン針5mm（9～10号）
かぎ針8/0号

▶できあがり寸法
底丈 24cm（フェルティング後のサイズ）

▶ゲージ
10cm 平方で模様編み・模様編み縞とも
19目13.5段

▶編み方ポイント
糸端を25cm残して作り目を編み、かかとを増し目をしながら模様編みで編みます。甲は往き目と追い目で色を替えながら模様編み縞で輪に編みます。つま先は配色糸で細編みのすじ編みを減目しながら輪に編み、残った3目に糸を通して引き絞ります。作り目の際に残しておいた糸でかかとをとじ合わせます。

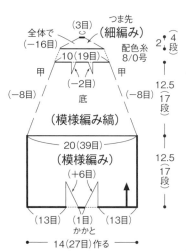

※指定以外はすべてアフガン針5mmで編む

糸量

つま先が黄色		つま先が赤	
赤	70g	黄色	70g
黄色	30g	赤	30g

（同じものを2枚編んだ場合の量を掲載）

▶フェルティングの方法
フェルティングしたい作品を洗濯ネットに入れて普通の洗濯と同様に洗濯機で洗います。特にウール用洗剤を使わず洗って様子を見ます。サイズダウンをさせたい場合はもう1回洗います。1回での変化で納得がいけば湿っている間に形を整えます。
タオルなどを詰めて丸みを出してそのまま乾燥させます。

配色 □＝黄色（もう片足は赤）
　　 ■＝赤（もう片足は黄色）
◎＝ボブル（22ページ参照）
ボブルは配色糸で編む
⊕＝増し目-2（9ページ参照）

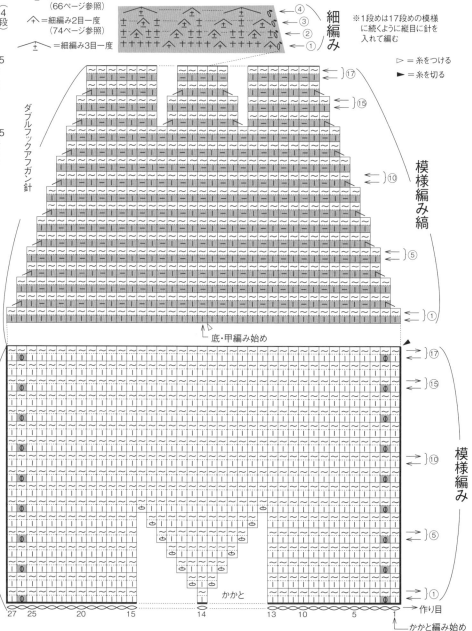

16 便利な敷物

口絵 41 ページ

▶**材料**
オカダヤ cocon（ココン） 赤（15）・チャコールグレー（9）
マット＝各25g、コースター＝各10g

▶**用具**
ダブルフックアフガン針4.5mm（8号）

▶**できあがり寸法**
マット＝17×17cm、
コースター＝9.5×9.5cm

▶**ゲージ**
10cm平方でリバーシブル編み
16目15段

▶**編み方ポイント**
チャコールグレーで作り目をし、マットは27目、コースターは16目をリバーシブル編みで編みます（40ページ参照）。編み終わりはチャコールグレーで引き抜き止めにします。

マット
（リバーシブル編み）

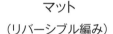

リバーシブル編み（マット）

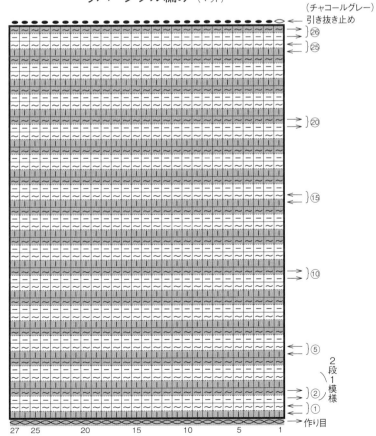

コースター
（リバーシブル編み）
アフガン針4.5mm

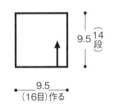

配色 □＝赤
　　 ▨＝チャコールグレー

リバーシブル編み（コースター）

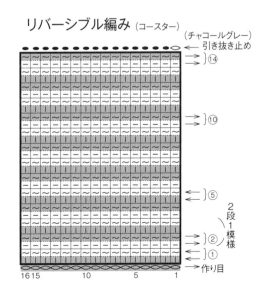

17.18 キラキラフィンガレス手袋

口絵 42 ページ

▶材料
ておりや　モークウール A
17 ＝紺 (30) 25g、こげ茶 (10) 15g、
TOHO 特大ビーズ 4mm シルバー (21)
212 個
18 ＝赤 (22) 25g、オレンジ色 (02)
15g、TOHO 特大ビーズ 4mm ブラック (81)
212 個
共通＝直径 11mm のボタン各 4 個
（使用糸量は同じものを 2 枚編んだ場合の量を掲載しています）

▶用具
ダブルフックアフガン針・シングルフックアフガン針 3.5mm（4～5 号）、かぎ針 4/0 号、レース針 4 号

▶できあがり寸法
手のひら回り 18cm、丈 15.5cm

▶ゲージ
10cm 平方でプレーンアフガン編み 22 目 17 段

▶編み方ポイント
鎖編みの作り目を 36 目編み、模様編みで編みます。2 段めから 1 段おきに表目にビーズを編み入れます（43 ページ参照）。9 段めからは手のひら、甲を続けて輪に編みます。甲には図の位置に同様にビーズを編み入れます。手のひら側は、親指の増し目をしながら 12 段編み、往き目で 11 目引き抜き止め、追い目で 5 目鎖編みの作り目をします。バックステッチの 1 段めで往き目と追い目の糸を入れ替えます。入れ替えた次の 2 段はバックステッチを編みます。編み終わりは **17** ＝紺で、**18** ＝赤でバックステッチを編みながら引き抜き止めにします。56 ページを参照して輪につなぎます。カフスの端にボタンループを編みつけ、親指は、5 目作り目をしたところに細編みを編みます。

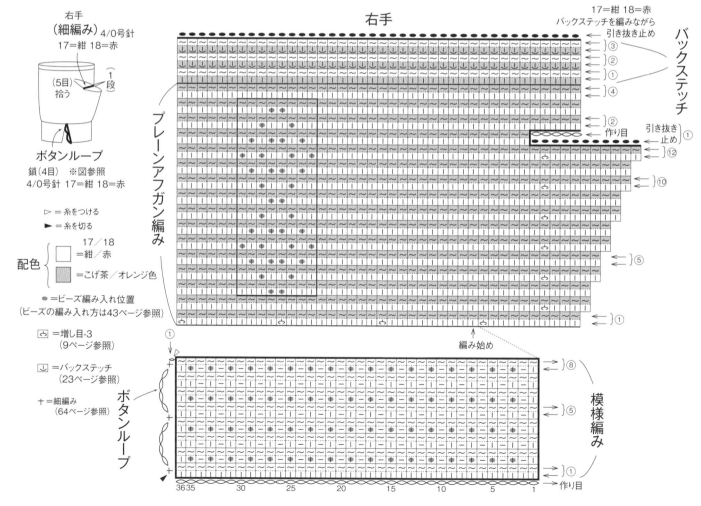

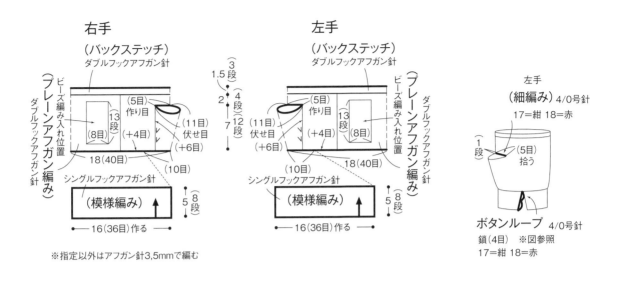

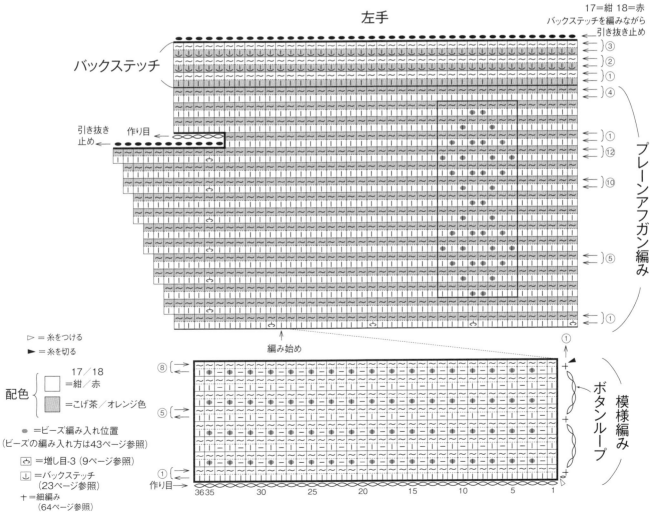

19 ナローマフラー

口絵 42 ページ

▶材料
イサガー　パレット　青（OCEAN）
50g、TOHO 特大ビーズ 4mm
ブラック（81）240 個

▶用具
シングルフックアフガン針 4mm（6～7 号）
レース針 4 号

▶できあがり寸法
幅 8cm、長さ 105cm

▶ゲージ
模様編み 10cm で 27.5 目、8cm で 10 段

▶編み方ポイント
鎖編みの作り目を 289 目作り、図を参照して模様編みを編みます。図中の 3 目一度の縦目にビーズをレース針で編み入れます。編み終わりは引き抜き止めにしますが、その際も 3 目一度しながら引き抜き止めにし、ビーズも編み入れます。かけ目の位置では鎖を編みます。

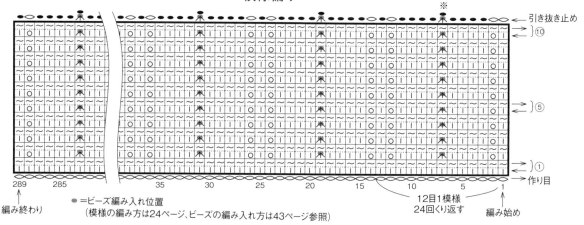

●＝ビーズ編み入れ位置
（模様の編み方は 24 ページ、ビーズの編み入れ方は 43 ページ参照）

▶✓ 細編み2目編み入れる

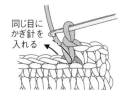

1 前段の頭2本を拾って細編みを1目編み、同じ目に針を入れて

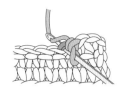

2 糸をかけて引き出し、

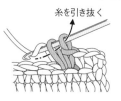

3 あと1目細編みを編みます。

▶ 細編み2目一度

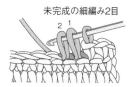

1 前段の頭2本を拾って糸を引き出し、次の目も同様に糸を引き出します。

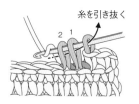

2 未完成の細編み2目が編めた状態で、針に糸をかけ、3ループを一度に引き抜きます。

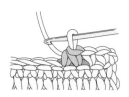

3 2目が1目になり、細編み2目一度のできあがりです。

24.25　三色チェックのボトルカバー

口絵 45 ページ

▶材料

オカダヤ メリノウール DK（並太）
24＝黄緑（8）18g、黄色（26）8g、
深緑（9）8g、**25**＝紺（14）18g、
ローズピンク（21）8g、生成り（1）8g
共通＝直径16mmのループエンド
（生成り）1個

▶用具

シングルフックアフガン針・ダブルフック
アフガン針4.5mm（8号）

▶できあがり寸法

幅7cm、深さ16cm
（フェルティング後の寸法）

▶ゲージ

10cm平方で模様編み縞17目15段

▶編み方ポイント

24＝黄緑、**25**＝紺で鎖編みの作り目をし、図を参照して底を丸く編みます（46.47ページ参照）。底の端目から42目拾い、側面を模様編み縞で輪に編みます。編み終わりは**24**＝黄緑、**25**＝紺で36段めの模様を編みながら引き抜き止めにし、最後にボタンループを編みます。フェルティングをして仕上げます。

▶フェルティングの方法

作品を洗濯ネットに入れて普通の洗濯と同様に洗濯機で洗います。特にウール用洗剤を使わず洗って様子を見ます。サイズダウンをさせたい場合はもう1回洗います。納得がいけば湿っている間に形を整えます。ペットボトルを入れてそのまま乾燥させます。

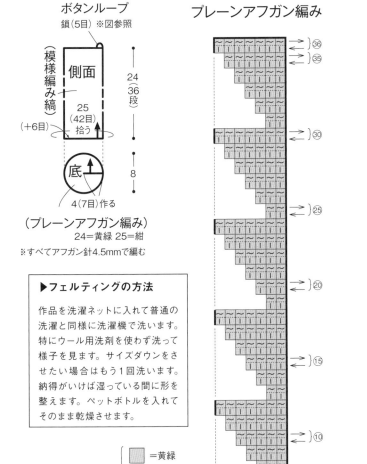

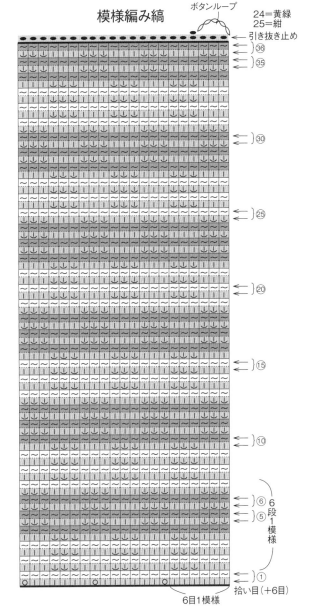

20〜23 　小さなマットいろいろ

口絵44ページ

▶材料

ユザワヤ マンセルメリノ レインボウ
20 = グレー（87）10g、
メリノウール DK（並太）
21.22 = 深緑（9）10g、黄緑（8）5g、
23 = ピンク（21）10g

▶用具

シングルフックアフガン針4mm（6〜7号）

▶できあがり寸法

20 = 直径11cm、**21** = 直径9cm、**22** = 直径9.5cm、**23** = 直径12cm

▶編み方ポイント

鎖編みの作り目をして、図を参照してそれぞれ編みます。編み方はプレーンアフガン編みです。編み終わりは編み始めの縦目をすくってとじ合わせます。詳しい編み方は46.47ページ参照。

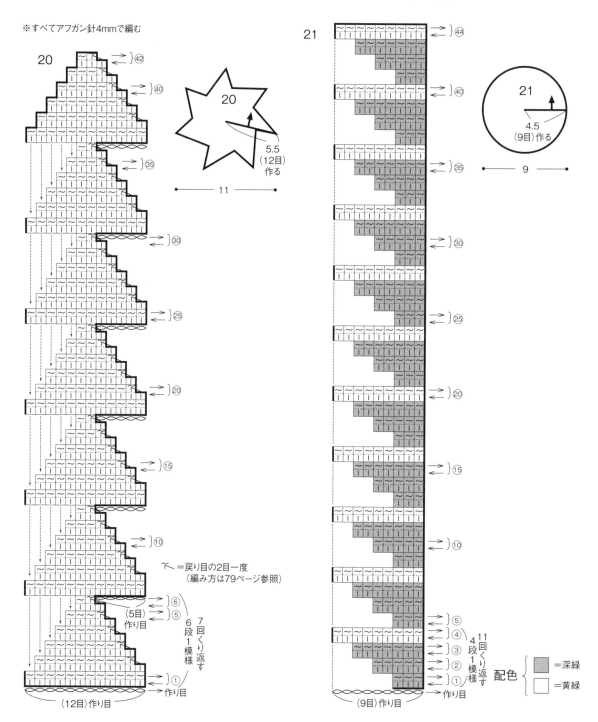

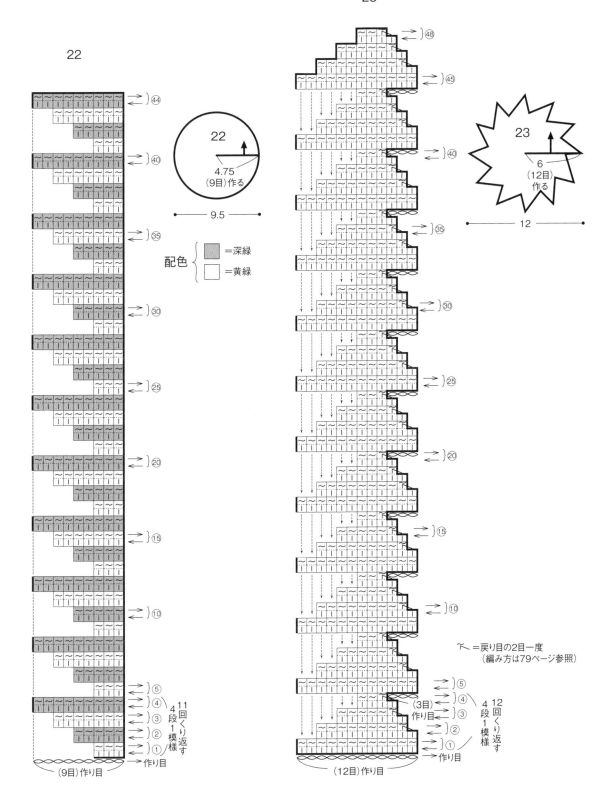

編み方の基礎

糸を横に渡す編み込みの編み方

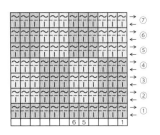

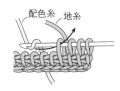

1 2段めの往きです。配色糸に替える位置で新しく糸をつけて編みます。

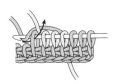

2 配色糸で3目編んだら、地糸に替えます。地糸は配色糸の下に渡して編みます。

3 配色糸に替える時は地糸の上に渡して編みます。

4 戻りは往きで編んだ糸で編みます。左端で最初に糸を替える時は、地糸と配色糸を交差させ、穴があかないようにします。

5 往きと同様に地糸は下、配色糸は上に渡して戻り目を編みます。

6 3段めの往きでも、最初に糸を替える時は地糸と配色糸を交差させ、穴があかないようにします。

糸を縦に渡す編み込みの編み方

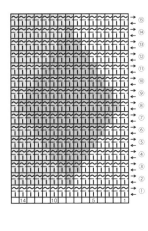

1 2段めの往き、7目編んだら配色糸をつけて1目編みます。

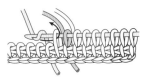

2 次の目は地糸ですが、新しく糸をつけます。

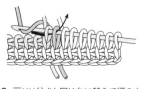

3 戻りは往きと同じ糸に替えて編みます。替える時は境で穴があかないように交差してから編みます。

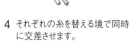

4 それぞれの糸を替える境で同時に交差させます。

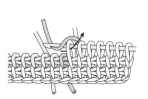

5 3段めの往きです。記号図に従って前段でつけた糸を持ち上げて編みます。糸を替える時は必ず交差させます。

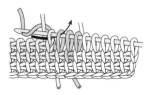

6 戻りでも往きと同様に糸を替える時には交差させます。

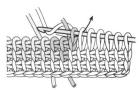

7 色が替わるところは、それぞれ糸玉が必要になります。

すべり目

1 糸を向こう側におき、前段の縦目を編まずに針に移します。

2 次の目は普通に編みます。

3 すべり目のできあがりです。裏側に糸が渡ります。

戻り2目一度

1 針に糸をかけ、

2 矢印のように、針先の3目を一度に引き抜きます。

3 戻り2目一度のできあがりです。

長編み目

1 針に糸をかけて前段の縦目に針を入れ、糸をかけて引き出します。

2 更に糸をかけ、針の2ループを一度に引き抜きます。

3 長編み目のできあがりです。

往きで糸を替える

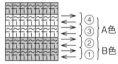

1 前段の戻り目の最後の1目を編む手前で糸を替え、A色で引き抜きます。

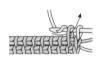
2 B色を休め、2目からA色で編み進めます。

3 4段めの戻りの最後です。1と同様にA色を休めてB色に替えます。

戻りで糸を替える

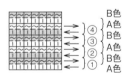

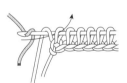
1 往きの目は端まで編みます。編んできた糸を手前から針にかけて休ませB色に替えて針にかけます。かけた目と端目を一度に引き抜き、そのまま戻り目を編みます。

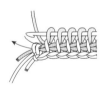
2 次の段の往きはB色で編みます。左端は針にかけた糸を一緒に2本拾います。

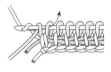
3 1と同様に編んできた糸を手前から針にかけて休ませ、A色に替えて戻り目を編みます。

巻きはぎ

1 2枚の編み地を表向きで突き合わせ、端目の鎖2本に針を通します。

2 2枚の編み地から1目ずつ針を入れて通します。

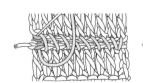
3 2をくり返し、はぎ終わりは同じところにもう一度針を通します。

Profile

林ことみ

子供の頃から編み物に親しみ、学生時代にはソーイングを独習。出産をきっかけに子供服のデザインを始め、ハンドクラフト本の編集者を経て現在に至る。さまざまな手芸技法を求め国内外を奔走、作家たちとの交流を深める。著書多数。近著「林ことみの『今日は何編む?』」(小社刊)は好評発売中

もっと知りたいアフガン編み

発行日／2018年11月21日　第1刷
　　　　2020年10月2日　第4刷

著　者　林ことみ
発行人　瀬戸信昭
編集人　今ひろ子
発行所　株式会社 日本ヴォーグ社
〒164-8705　東京都中野区弥生町5-6-11
TEL.03-3383-0628（販売）　03-3383-0637（編集）
出版受注センター　tel.03-3383-0650　fax.03-3383-0680
印刷所　大日本印刷株式会社
Printed in Japan　©Kotomi Hayashi 2018
NV70498　ISBN978-4-529-05835-3　C5077

＊万一、落丁本、乱丁本がありましたら、小社販売部までご連絡ください。
＊印刷物のため、実際の色とは色調が異なる場合があります。
＊本書の複写にかかる複製、上映、譲渡、公衆送信（送信可能化を含む）の
　各権利は株式会社日本ヴォーグ社が管理の委託を受けています。

JCOPY　<（社）出版者著作権管理機構 委託出版物>
本書の無断複写は著作権法上での例外を除き禁じられています。
複写される場合は、そのつど事前に、（社）出版者著作権管理機構（電話 03-5244-5088、FAX 03-5244-5089、e-mail: info@jcopy.or.jp）の許諾を得てください。

Staff

ブックデザイン　　橘川幹子
撮影　　　　　　　白井由香里
スタイリング　　　鈴木亜希子
製作協力　　　　　今泉史子
作り方解説・トレース　西田千尋
編集協力　　　　　岡田昌子　藤村啓子　矢野年江
編集担当　　　　　曽我圭子

撮影協力
AWABEES
Tel 03-5786-1600
UTSUWA
Tel 03-6447-0070
北の住まい設計社
Tel 0166-82-4556
http://www.kitanosumaisekkeisha.com/
ひつじだま
http://www.fiberrepublic.com/
＊素材協力は49ページ

用具協力
チューリップ株式会社
Tel 082-238-1144
http://www.tulip-japan.co.jp/

参考文献
https://thecraftacademic.wordpress.com/2013/10/13/tunisian-crochet-a-short-history/

日本ヴォーグ社関連情報はこちら
（出版、通信販売、通信講座、スクール・レッスン）
https://www.tezukuritown.com/　手づくりタウン　検索

あなたに感謝しております　We are grateful.

手作りの大好きなあなたが、この本をお選びくださいましてありがとうございます。
内容はいかがでしたでしょうか？本書が少しでもお役に立てば、こんなにうれしいことはありません。
日本ヴォーグ社では、手作りを愛する方とのおつき合いを大切にし、ご要望にお応えする商品、サービスの実現を常に目標としています。
小社並びに出版物について、何かお気付きの点やご意見がございましたら、何なりとお申し出ください。そういうあなたに私共は常に感謝しております。

株式会社日本ヴォーグ社社長　瀬戸信昭
FAX 03-3383-0602